D1869025

Mosaik bei
GOLDMANN

Buch

Im finanziellen Bereich ist der Begriff »Vorsorge« in aller Munde. Doch im Gegensatz dazu treffen viel zu wenige, gerade auch junge Menschen, rechtzeitig Vorsorge für den Fall, dass sie ihre Angelegenheiten aufgrund von schwerer Erkrankung oder Alter einmal nicht mehr wie gewohnt selbst regeln können.

Verständlich und mit viel Sachkenntnis stellt Theo Drewes in diesem Rechtsratgeber die verschiedenen Vollmachts- und Verfügungsmöglichkeiten vor, erläutert, für wen sie geeignet sind und wie sie aufgesetzt werden. Zahlreiche Musterverfügungen und -vollmachten, anschauliche Beispiele und viele Tipps helfen bei der persönlichen Vorsorge, damit man beruhigt in die Zukunft blicken kann.

Autor

Theo Drewes ist Rechtsanwalt und Autor mehrerer erfolgreicher Bücher. Im Rahmen seiner Kanzleiarbeit beschäftigt er sich seit Jahren mit den vielfältigen juristischen Fragen rund um Vollmachten und Vorsorge, Erbrecht und Familienstreit.

Von Theo Drewes außerdem bei Mosaik bei Goldmann

Mustertestamente (16494)

Testament und Erbschaft (16596)

Ehen ohne Trauschein (16764)

Theo Drewes

Vorsorge für Alter und Krankheit

Vollmachten und Verfügungen

Mit Musterbeispielen für
Patienten- und Betreuungsverfügungen

Mosaik bei
GOLDMANN

Alle Ratschläge und Hinweise in diesem Buch wurden vom Autor und vom Verlag sorgfältig erwogen und geprüft. Eine Garantie kann dennoch nicht übernommen werden. Eine Haftung des Autors beziehungsweise des Verlags für Personen-, Sach- und Vermögensschäden ist daher ausgeschlossen.

FSC
Mix
Produktgruppe aus vorbildlich bewirtschafteten Wäldern und anderen kontrollierten Herkünften

Zert.-Nr. SGS-COC-1940
www.fsc.org

Verlagsgruppe Random House FSC-DEU-0100
Das für dieses Buch verwendete FSC-zertifizierte Papier *Munken Print* liefert Arctic Paper Munkedals AB, Schweden.

1. Auflage
Originalausgabe November 2007

Umschlaggestaltung: Design Team München
Umschlagmotiv: Masterfile/Min Roman
Redaktion: Dunja Reulein
Satz: Uhl + Massopust, Aalen
Druck: GGP Media GmbH, Pößneck
WR · Herstellung: Han
Printed in Germany
ISBN 978-3-442-16884-2

www.mosaik-goldmann.de

Inhalt

Vorwort

»Das Leben ist kurz, weniger wegen der kurzen Zeit, die es dauert, sondern weil uns von dieser kurzen Zeit fast keine bleibt, es zu genießen.« Diesen Satz schrieb vor fast 300 Jahren der berühmte französische Schriftsteller Jean-Jacques Rousseau. Nimmt man sich Rousseau zu Herzen, dann ist es allerhöchste Zeit, für die unvorhersehbaren Wechselfälle des Lebens Vorsorge zu treffen, um die restlichen Tage in vollen Zügen genießen zu können.

Dieser Rechtsratgeber befasst sich im ersten Kapitel mit den Vollmachten im privaten Bereich, die jedermann – geistig gesund und volljährig – einem anderen Menschen erteilen kann.

Das Wichtigste bei der Erteilung einer jeden Vollmacht ist das Vertrauen, das der Vollmachtgeber dem Vollmachtnehmer, also seinem Vertreter, entgegenbringen muss. Wenn Sie dem vorgesehenen Vertreter aus irgendeinem Grund – es genügt ein vages Gefühl – nicht voll vertrauen können, sollten Sie auch keine Vollmacht, insbesondere keine Generalvollmacht erteilen. Bedenken Sie, dass Ihr Bevollmächtigter Sie nicht nur menschlich enttäuschen, sondern auch in den finanziellen Ruin treiben kann. Deshalb gilt: »Ohne Vertrauen keine Vollmacht.«

Und auch wenn Sie als Vollmachtgeber volles Vertrauen in Ihren Vertreter setzen, sollten Sie die Worte des Uralt-Kommunisten Lenin nicht vergessen: »Vertrauen ist gut, Kontrolle ist besser.« Wenn man sich aber alters- oder krankheitsbedingt in einem geistig desolaten Zustand befindet, dann ist das mit der Kontrolle sehr schwierig, deshalb gilt es, möglichst gut vorzusorgen.

In den weiteren Kapiteln folgen Ratschläge zur Vorsorge für alte und kranke Tage und für die Regelung der so genannten letzten Dinge.

Es gibt die sprichwörtliche Redeweise, dass man rechtzeitig sein »Haus bestellen solle«. Hierzu sind Sie nicht verpflichtet, Sie brauchen das nicht zu tun. Sterben muss man sowieso und kann nach dem Motto leben: »Nach mir die Sintflut.« Eine solche Einstellung ist aber nicht jedermanns Sache. Die meisten Menschen sind bemüht, ihre Angelegenheiten ihren Angehörigen geordnet zu hinterlassen und Vorsorge zu treffen.

Dazu gehört nicht nur die Niederschrift eines letzten Willens, also eines Testaments, sondern auch die Regelung der anderen Dinge – wie Betreuung, Organspende, Versorgung der Haustiere und Erfüllung von über den Tod hinausgehenden Verbindlichkeiten, wie Unterhaltsverpflichtungen, Mietzahlungen und Kreditschulden, die sonst den oder die Erben treffen. Diese Erben müssen oft erst ermittelt werden, so dass eine Regelung für die Übergangszeit sachdienlich ist.

Auch junge Leute können schwer erkranken, verunglücken oder sogar sterben. Deshalb sollten auch sie frühzeitig Regelungen für alle Eventualitäten treffen.

In diesem Rechtsratgeber finden Sie für all diese Fälle kurze Erläuterungen und Hinweise auf die rechtlichen Bestimmungen, ergänzt durch eine Fülle von Mustern.

Dazu sei bemerkt, dass es für die Abfassung von Vollmachten, Betreuungs- und Patientenverfügungen keine zwingenden gesetzlichen Vorschriften gibt. Sie müssen also die vorgegebenen Muster nicht Wort für Wort abschreiben, sondern können sie den Umständen anpassen.

Vollmachten und Verfügungen müssen auch nicht notariell beurkundet werden. Sie können sich also die Beurkundungskosten sparen. Allerdings wird es sich in vielen Fällen empfehlen, die jeweiligen Unterschriften notariell beglaubigen zu lassen. Diese Beglaubigung einer Unterschrift ist wesentlich billiger als eine Beurkundung des gesamten Textes und reicht im Regelfall aus.

Als Verfasser dieses Rechtsratgebers habe ich mich bemüht, dieses teilweise sehr schwierige Rechtsgebiet, insbesondere bezüglich der Patientenverfügung, möglichst einfach darzustellen, ohne dabei auf die abweichenden Rechtsmeinungen im Einzelnen einzugehen. Ich möchte mit diesem Buch eine praktische und leicht anwendbare Richtlinie für alle Fälle geben, auch für die Regelung der letzten Dinge.

Theo Drewes

I. Vollmachten und Stellvertretung

Vorbemerkung

Man muss im Leben nicht alles selbst machen; man kann sich bei tatsächlichen Handlungen und bei Rechtsgeschäften vertreten lassen. Nur heiraten, eine Strafe absitzen, das Wahlrecht ausüben, sein Testament machen und letztendlich sterben, das muss man selbst.

Die Juristen sprechen insoweit von höchstpersönlich. Der Begriff höchstpersönlich bedeutet, dass diese Handlungen oder Rechtsgeschäfte so eng mit der Person verbunden sind, dass sie nicht von einem Vertreter ausgeführt werden können. Bei fast allen anderen Handlungen oder Rechtsgeschäften ist eine Stellvertretung möglich.

Stellvertretung

Man kann sich also – von diesen höchstpersönlichen Rechtsgeschäften abgesehen – vertreten lassen.

Die Juristen unterscheiden zwischen direkter und indirekter Stellvertretung.

Bei der direkten Stellvertretung tritt der Stellvertreter ganz offen dem Vertragspartner gegenüber und beruft sich darauf, dass er als Vertreter von dem Auftraggeber bevollmächtigt sei. Für solche Vollmachten werden nachstehend einige Muster vorgegeben, die unter entsprechender Anpassung an den jeweiligen Tatbestand verwandt werden können.

Bei der indirekten Stellvertretung tritt der Handelnde im eigenen Namen auf und schließt die Geschäfte ebenfalls im eigenen Namen, obwohl er in Wirklichkeit für einen Auftraggeber handelt. Die indirekte Stellvertretung tritt also nach außen nicht in Erscheinung. Diese indirekte Stellvertretung kann menschliche und juristische Probleme bringen, insbesondere, wenn zwischen dem Auftraggeber und dem (indirekten) Stellvertreter über den Umfang der Vollmacht und eventuelle Haftungsansprüche Differenzen auftreten.

Beispiel:
Der (indirekte) Stellvertreter kauft in vermeintlichem Auftrag eines Dritten ein Auto, und der Auftraggeber behauptet hinterher, das gekaufte Auto sei viel zu teuer, das könne er gar nicht bezahlen. Es kann zum Streit zwischen dem Stellvertreter und seinem Auftraggeber kommen, zumindest muss der Stellvertreter das Auto bezahlen. Ob er den Kaufpreis später von seinem Auftraggeber erstattet bekommt, steht auf einem anderen Blatt.

Bote

Vom Stellvertreter zu unterscheiden ist der Bote. Der Bote ist nur eine Hilfsperson, die lediglich eine Erklärung des Auftraggebers zu übermitteln hat.

So ist die Briefbeförderung durch die Post nur als Botentätigkeit zu beurteilen, ebenso die Tätigkeit einer Telefongesellschaft, die lediglich die technischen Einrichtungen für die Übermittlung mündlicher Nachrichten bereitstellt.

Auch die Banken leisten im großen Umfang täglich millionenschwere Botendienste, indem sie Geldüberweisungen weiterleiten.

Der Bote hat keine eigene Entscheidungsbefugnis, wenn irgendwelche Hindernisse auftreten, sondern muss sich strikt an den Auftrag halten und darf ihn nicht umgestalten.

Beispiel:
Der Bank wird ein Überweisungsauftrag erteilt, auf dem eine bestimmte Kontonummer des Empfängers steht. Die Bank hat den Auftrag so auszuführen, dass das Geld tatsächlich auf diesem vorweg bestimmten Konto gutgeschrieben wird. Wenn dieses Konto nicht mehr besteht, oder wenn der Auftraggeber eine falsche Kontonummer angegeben hat, darf die Bank das Geld nicht einem anderen Konto des Empfängers gutschreiben, sondern muss es zurückschicken.

Beim mündlich erteilten Auftrag ist oft schwierig zu erkennen, ob die übermittelnde Person nur Bote oder Stellvertreter ist. Maßgeblich ist das Auftreten dieser Hilfsperson und ihre soziale Stellung. Dazu gibt es den hübschen Vers:

Ist das Kindlein noch so klein,
kann es doch schon Bote sein.

Vertreter und Verwalter

In einigen Fällen werden Personen zur Interessenwahrnehmung für fremdes Vermögen berufen, zum Beispiel der Insolvenzverwalter, der Zwangsverwalter, der Nachlassverwalter oder der Testamentsvollstrecker. Diese Personen sind entweder Träger eines Amtes oder Vertreter für ein bestimmtes Vermögen.

Es ist für alle Beteiligten offensichtlich, dass diese Personen in ihrer jeweiligen Eigenschaft für das von ihnen verwaltete Vermögen handeln dürfen und müssen. Mit anderen Worten: Diese Personen sind Vertreter für das jeweilige Vermögen.

Gleiches gilt für einen Anwalt, der die Interessen seiner Partei vor Gericht oder gegenüber einem Geschäftspartner wahrzunehmen hat, oder für einen Architekten, der vom Bauherrn einen Bauauftrag erhalten hat.

Ebenso verhält es sich mit der Vertretung im öffentlichen Recht. Der Bundespräsident ist Vertreter des deutschen Volkes und vertritt den Bund völkerrechtlich. Er schließt im Namen des Bundes die Verträge mit auswärtigen Staaten (Völkerrechtliche Vertretungsmacht, Art. 59 Grundgesetz).

Der Dorfbürgermeister ist Vertreter seiner Gemeinde. Gleiches gilt für die Behörden und die Vertreter öffentlich-rechtlicher und privatrechtlicher Körperschaften.

Dazu kommt der große geschäftliche Bereich, angefangen bei dem Vorstandsvorsitzenden einer großen Aktiengesellschaft (früher Generaldirektor genannt) bis zum Handlungsbevollmächtigten einer kleinen Firma.

Dieses ganze Gebiet der Vertretung kraft Amtes oder aufgrund der beruflichen Stellung ist jedoch nicht Gegenstand dieses Ratgebers.

Geschäfte zur Deckung des Lebensbedarfs (Schlüsselgewalt)

Im Rahmen der Haushaltsführung gibt es die so genannte Schlüsselgewalt. Dies ist eine altertümliche Bezeichnung für die gegenseitige Vertretung der Ehegatten im Rahmen der Haushaltsführung. Diese Schlüsselgewalt soll den haushaltsführenden Ehegatten in die Lage versetzen, seine Aufgaben mit der nötigen wirtschaftlichen Bewegungsfreiheit zu erfüllen.

Diese Vorschrift (§ 1357 Abs. 1 BGB) lautet:

Geschäfte zur Deckung des Lebensbedarfs.
1. Jeder Ehegatte ist berechtigt, Geschäfte zur angemessenen Deckung des Lebensbedarfs der Familie mit Wirkung auch für den anderen Ehegatten zu besorgen.
2. Durch solche Geschäfte werden beide Ehegatten berechtigt und verpflichtet, es sei denn, dass sich aus den Umständen etwas anderes ergibt.

Die Schlüsselgewalt gilt also nur für die Geschäfte des täglichen Lebens, also etwa für den Einkauf von Lebensmitteln und der Kleidung für die Kinder.

Die Schlüsselgewalt erlischt, wenn die Ehegatten getrennt leben.

Die Schlüsselgewalt darf nicht dazu führen, dass ein Ehegatte in wichtigen Dingen des gemeinsamen Lebens den anderen mit Bindungswirkung vor vollendete Tatsachen stellt. Wichtige gemeinsame Angelegenheiten müssen die Ehegatten vor einer Entscheidung miteinander beraten. So gehört in den Rahmen der Schlüsselgewalt nicht der Abschluss eines

Mietvertrags über die Wohnung oder die Aufnahme eines Kredits bei einer Bank.

Die Schlüsselgewalt hatten früher nur die Ehefrauen. Seit dem Gleichberechtigungsgesetz haben sie auch die Männer. Wenn also der Mann den Haushalt führt, dann kann er – mit Wirkung für und gegen seine Ehefrau – die täglichen Einkäufe für den Haushalt tätigen und, gegebenenfalls auch auf Kleinkredit, Reparaturen in der Wohnung vornehmen lassen, weil zum Beispiel der Empfang des Fernsehgeräts gestört ist.

Geschäfte für den, den es angeht

Im täglichen Leben gibt es viele Geschäfte, bei denen es dem einen Vertragspartner, meist dem Verkäufer, völlig gleichgültig ist, für wen der Käufer die Ware erwirbt. Dabei handelt es sich meist um kleine Bargeschäfte. (Bei Kreditgeschäften ist das allerdings anders. In einem solchen Fall will der Verkäufer die Kreditwürdigkeit seines Geschäftsgegners prüfen.)

Für den Verkäufer ist es dabei ohne Interesse, ob der Käufer für sich selbst oder – als Durchgangserwerb für einen Dritten – die Ware erwirbt. Man spricht von Geschäften für den, den es angeht. Diese Art von Geschäften bringt rechtlich keine Probleme.

Beispiel:
Im Lebensmittelgeschäft kauft jemand gegen Barzahlung ein Pfund Zucker. Dem Verkäufer ist es dabei völlig gleichgültig, ob der Käufer für sich selbst handelt oder als Vertreter für einen Dritten oder ob der Käufer nur Bote ist.

Anscheins- und Duldungsvollmacht

Schwieriger ist es mit der so genannten Anscheins- und Duldungsvollmacht. Die Grundsätze für eine Anscheins- oder Duldungsvollmacht haben sich zuerst im kaufmännischen Bereich entwickelt. Wenn zum Beispiel ein Kunde in ein Geschäft geht und dort von einem Angestellten bedient wird, dann kann der Kunde davon ausgehen, dass dieser Angestellte auch zum Verkauf der dort befindlichen Waren berechtigt ist. Die Umstände erwecken den Anschein der Bevollmächtigung dieses Angestellten zum Abschluss solcher Geschäfte. Der Chef hätte das sonst nicht dulden dürfen. Das sind die Grundlagen der Anscheins- und Duldungsvollmacht. Die dazu entwickelte Rechtsprechung kann auch auf andere Geschäfte des täglichen Lebens übertragen werden.

Beispiel:
Wenn die Freundin ständig für ihren Freund das Flaschenbier bei dem kleinen Lebensmittelhändler nebenan kauft und der Freund diese Getränke einige Tage später immer bezahlt, dann wird ein Vertrauenstatbestand entwickelt.

Trennt sich der Freund eines Tages von seiner Freundin, dann muss er beim Kaufmann Bescheid sagen, dass seine Ex-Freundin nicht weiter auf seinen Namen Bier kaufen darf. Er muss so den Vertrauenstatbestand beseitigen und die Anscheinsvollmacht widerrufen.

Stellvertretung

Eine Stellvertretung ist grundsätzlich bei allen Rechtsgeschäften zulässig, ausnahmsweise jedoch nicht – wie eingangs ausgeführt – bei Rechtsgeschäften mit höchstpersönlichem Charakter im Familien- und Erbrecht und bei der Ausübung des Wahlrechts.

Die Stellvertretungsvorschriften gelten auch für Willenserklärungen und geschäftsähnliche Handlungen, so zum Beispiel bei einer Mahnung, Fristsetzung, Abtretungsanzeige, Kündigung oder Mängelanzeige.

Eine Willenserklärung, die jemand innerhalb der ihm zustehenden Vertretungsmacht im Namen des Vertretenden abgibt, wirkt unmittelbar für oder gegen den Vertretenden.

Es macht keinen Unterschied, ob die Erklärung ausdrücklich im Namen des Vertretenden erfolgt, oder ob die Umstände ergeben, dass sie in dessen Namen erfolgen soll.

Beispiel:
Wenn der Ehemann in ein Fahrradgeschäft geht und dort ein Damenfahrrad kauft, dann wird dieser Kauf im Regelfall nicht mehr im Rahmen der Schlüsselgewalt liegen. Der Kauf eines Fahrrads gehört – jedenfalls bei bescheidenen wirtschaftlichen Verhältnissen – nicht mehr zu den Geschäften des täglichen Lebens. Das könnte man allenfalls noch beim Kauf eines Kinderfahrrads annehmen, aber nicht beim Kauf eines hochwertigen Damenrads.

Beim Kauf des Rads könnte der Ehemann sagen, ich kaufe das Fahrrad für meine Frau, oder der Kauf für die Frau könnte sich aus den Umständen ergeben, weil es sich um ein Damenfahrrad handelt.

Im Gesetz (§ 164 Abs. 2 BGB) steht dazu der stilistisch schöne Satz:

> Tritt der Wille, in fremdem Namen zu handeln, nicht erkennbar hervor, so kommt der Mangel des Willens, im eigenen Namen zu handeln, nicht in Betracht.

An diesem Satz sieht der Leser, wie schwer es auch die Juristen haben, die Gesetzessprache zu verstehen.

Dieser Satz bedeutet nämlich: Wenn der Ehemann im obigen Beispiel nicht gesagt hat, dass das Fahrrad für seine Frau sei, dann kann er sich nicht darauf berufen, dass er als Vertreter für seine Frau gehandelt habe. Der Handelnde sollte deshalb deutlich kundtun, dass die Wirkungen des Rechtsgeschäfts nicht ihn, sondern einen Dritten – in diesem Fall seine Frau – treffen sollen. Das kann unter Umständen zum Beispiel wegen der Mängelhaftung, also der Gewährleistungsansprüche, von großer Wichtigkeit sein. Es kann sich dann die Frage ergeben, wer im Mängelfall zur Klage berechtigt ist – ganz wichtig wird diese Frage natürlich beim Kreditkauf.

Dieses so genannte Offenkundigkeitsprinzip dient der Rechtsklarheit. Dem Geschäftspartner soll Gewissheit darüber verschafft werden, mit wem er in rechtsgeschäftliche Beziehungen tritt.

Ob eine Erklärung unmittelbare Rechtswirkung zwischen dem Geschäftsherrn und dem Dritten entfaltet, hängt davon ab, ob der Vertreter eine entsprechende Vertretungsmacht hatte und sich an den Umfang seiner Vertretungsmacht gehalten hat. Dieser Umfang der Vertretungsmacht ergibt sich, wenn eine schriftliche Vollmacht erteilt ist, aus der Vollmachtsurkunde.

Geschäftsfähigkeit

Der Auftraggeber oder Geschäftsherr, der den Vertreter beauftragt, muss selbstverständlich voll geschäftsfähig, also grundsätzlich über 18 Jahre alt sein. Der Vertreter hingegen braucht nicht volljährig zu sein.

Für ihn genügt beschränkte Geschäftsfähigkeit (§ 165 BGB), das heißt, der Vertreter muss über sieben Jahre alt sein. Ein Kind unter sieben Jahren ist geschäftsunfähig und kann allenfalls Bote sein. Mit Vollendung des siebten Lebensjahres wird es beschränkt geschäftsfähig und kann als Vertreter tätig werden.

Beispiel:
Der Vater könnte theoretisch zu seinem siebenjährigen Sohn sagen: »Du kannst mich in den Mietangelegenheiten mit unserem Vermieter vertreten.« Das kommt praktisch nicht vor, aber seinen 16- oder 17-jährigen Sohn kann der Vater sehr wohl mit der Vertretung in seinen Mietangelegenheiten beauftragen. Solche Fälle ereignen sich im täglichen Leben häufig, etwa wenn der Vater Ausländer ist und die deutsche Sprache nicht beherrscht oder Analphabet ist, während der Sohn das Gymnasium besucht.

Der gesetzliche Grund für diese Ausnahmeregelung, dass nämlich der Vertreter nur beschränkt geschäftsfähig sein muss, liegt darin, dass der Vertreter nicht persönlich für das Vertretungsgeschäft zu haften braucht, sondern das Geschäft für seinen Auftraggeber abschließt und abwickelt.

Andererseits ist aber zu beachten, dass es bezüglich der Folgen von Willensmängeln oder der Kenntnis oder des Kennenmüssens gewisser Umstände auf die Person des Vertreters ankommt (nicht des Vertretenen), der Vertreter muss also »auf Draht« und gut informiert sein (§ 166 BGB).

Vollmachtserteilung

Wer als Stellvertreter auftritt, bedarf grundsätzlich einer Vollmacht.

Eine Vollmacht kann mündlich erteilt werden. Eine mündliche Vollmacht genügt aber meist dem Vertragspartner nicht. Falls sich nicht aus den Umständen die Bevollmächtigung des Vertreters ergibt, verlangt der Geschäftpartner grundsätzlich die Vorlage einer schriftlichen Vollmacht.

Eine solche Vollmacht ist an keine Form gebunden. Es gibt in einschlägigen Formularbüchern und im Internet genügend Muster, diese sind aber häufig sehr unübersichtlich gestaltet.

Die folgenden Muster sind so verfasst, dass sie ohne große Änderungen dem Einzelfall angepasst und verwandt werden können.

Es sei noch bemerkt, dass derartige Vollmachten nicht – wie Testamente – handschriftlich geschrieben werden müssen. Es genügt Schreibmaschinen- oder Computerschrift, jedoch ist eine eigenhändige Unterschrift erforderlich.

Unterschriftsleistung

Eine Vollmacht muss vom Vollmachtgeber selbst unterschrieben werden. Wer nicht schreiben und lesen kann, macht drei Kreuze. Eine solche Unterschrift braucht grundsätzlich nicht notariell beglaubigt zu sein, im Grundstücksverkehr und für das Zwangsversteigerungsverfahren ist eine Unterschriftsbeglaubigung jedoch stets erforderlich.

Beim Umgang mit Behörden werden die Vollmachten oft von den Behörden selbst geprüft und für den internen Gebrauch beglaubigt. Ähnliches gilt für den Geschäftsverkehr mit Banken und Sparkassen. Diese prüfen die Unterschrift ihrer Kunden und legen Unterschriftenblätter an, in denen die Unterschriften der Kunden und ihrer Vertreter festgehalten werden. Ist die Unterschrift eines Bevollmächtigten bei der Bank nicht bekannt, dann muss der Bevollmächtigte im Regelfall der Bank eine Vollmachtsurkunde mit einer notariell beglaubigten Unterschrift des Vollmachtgebers vorlegen und sich selbst als Bevollmächtigter ausweisen.

Notarielle Beglaubigung der Unterschrift

Beglaubigungen und Beurkundungen können in Deutschland nur von Notaren vorgenommen werden. Über Beglaubigungen und Beurkundungen und deren Kosten finden Sie nähere Ausführungen im Kapitel VIII (siehe Seite 113 ff.) dieses Buchs.

Vollmacht durch Erklärung gegenüber dem Vertragspartner

Eine Vollmacht kann dem Vertragspartner schriftlich (in Ausnahmefällen auch mündlich) mitgeteilt werden. Das ist nicht der Regelfall, kommt aber gelegentlich, insbesondere unter Verwandten und Freunden, vor.

Beispiel:
Lieber Freund, da ich zurzeit bettlägerig erkrankt bin, kann ich die Verhandlungen mit Dir über den Verkauf meines Ladenlokals nicht selbst führen.

Ich habe deshalb meinen Neffen ______________________

(Name und Anschrift)

bevollmächtigt, die Verkaufsverhandlungen mit Dir zu führen. Mein Neffe kann den Kaufpreis und alle sonstigen Bedingungen des Kaufvertrags mit Dir aushandeln und auch den Kaufpreis in Empfang zu nehmen.

Mein Neffe wird sich in den nächsten Tagen mit Dir in Verbindung setzen. Er hat mein volles Vertrauen.

Mit freundlichen Grüßen

(Unterschrift)

Insichgeschäfte

Eine Besonderheit ist die Vollmacht für ein Insichgeschäft. Man spricht auch von Selbstkontrahieren. Das bedeutet, dass jemand als Vertreter eines anderen mit sich selbst oder im Namen eines von ihm selbst gleichfalls vertretenen Dritten (Mehrvertretung) ein Rechtsgeschäft abschließt.

Dazu heißt es in § 181 BGB:

Insichgeschäft

Ein Vertreter kann, soweit nicht ein anderes ihm gestattet ist, im Namen des Vertretenen mit sich im eigenen Namen oder als Vertreter eines Dritten ein Rechtsgeschäft nicht vornehmen, es sei denn, dass er das Rechtsgeschäft ausschließlich in der Erfüllung einer Verbindlichkeit begeht.

Nach dieser Vorschrift darf also ein Vertreter im Namen des Vertretenden mit sich im eigenen Namen oder als Vertreter eines Dritten grundsätzlich keine Rechtsgeschäfte abschließen, es sei denn, es ist ihm ausdrücklich gestattet.

Beispiel:
Ein alter Herr, der nicht mehr Auto fahren will, möchte sein Auto verkaufen. Er kann seinem Freund für den Verkauf des Autos eine Vollmacht erteilen und dazu sagen: »Es ist mir auch recht, wenn du das Auto kaufst.«

In diesem Fall müsste der alte Herr in die Vollmacht für den Freund sinngemäß einen Satz schreiben wie:

»Der Bevollmächtigte ist von der Vorschrift des § 181 BGB befreit.«

Im Übrigen ist eine Befreiung von § 181 BGB dann nicht erforderlich, wenn die Tätigkeit des Bevollmächtigten sich nur auf die Erfüllung einer Verbindlichkeit beschränkt, wenn also der Bevollmächtigte für seinen Auftraggeber lediglich Schulden bezahlen soll.

Einseitige Rechtsgeschäfte

Eine Besonderheit gibt es bei einseitigen Rechtsgeschäften. Zu diesen gehört in erster Linie die Kündigung eines Miet- oder Arbeitsverhältnisses.

Dazu heißt es im § 174 BGB:

Einseitiges Rechtsgeschäft eines Bevollmächtigten

1. Ein einseitiges Rechtsgeschäft, das ein Bevollmächtigter einem anderen gegenüber vornimmt, ist unwirksam, wenn der Bevollmächtigte eine Vollmachtsurkunde nicht vorlegt und der andere das Rechtsgeschäft aus diesem Grunde unverzüglich zurückweist.

2. Die Zurückweisung ist ausgeschlossen, wenn der Vollmachtgeber den anderen von der Bevollmächtigung in Kenntnis gesetzt hat.

Mit anderen Worten: Der Vertreter kann eine Kündigung etwa eines Mietvertrags nur aussprechen, wenn er dazu ausdrücklich bevollmächtigt ist, sonst ist die Kündigung unwirksam. Deshalb muss hier die Vollmacht grundsätzlich vorgelegt werden.

Beispiel:

Der Bevollmächtigte schreibt also ein Kündigungsschreiben an den Mieter, etwa folgenden Inhalts:

Sehr geehrter ____________________ (Name Mieter),

namens Ihres Vermieters, dessen Vollmacht ich beifüge, kündige ich Ihnen hiermit das Mietverhältnis wegen Nichtzahlung der letzten beiden Mieten fristlos und fordere Sie auf, die Wohnung umgehend, spätestens bis zum ________________ zu räumen und in ordnungsgemäßem Zustand zurückzugeben. Die Schlüssel der Wohnung sind bei mir abzugeben.

Hochachtungsvoll

(Unterschrift)

Vertragsschluss durch Vertreter ohne Vertretungsmacht

Es kommt im täglichen Leben häufiger vor, dass jemand für einen anderen einen Vertrag abschließt, obwohl er dazu nicht bevollmächtigt war. Das nennen die Juristen »Vertretung ohne Vertretungsmacht«.

Beispiel:
Der Freund weiß, dass der alte Herr seinen Oldtimer-Pkw verkaufen will. Er lernt zufällig einen Interessenten kennen, der diesen Oldtimer unbedingt zu einem angemessenen Preis kaufen will. In diesem Fall könnte der Freund, obwohl er noch nicht bevollmächtigt ist, das Auto »als Vertreter ohne Vertretungsmacht« verkaufen. Der Kaufvertrag ist zunächst schwebend unwirksam. Der alte Herr kann den Kaufvertrag genehmigen oder die Genehmigung verweigern; im letzteren Fall kommt das Geschäft nicht zustande.

Untervollmacht

Ein Vertreter kann insbesondere bei einem umfangreichen Aufgabenkreis, wie bei einer Hausverwaltung, bei der Durchführung einzelner Rechtsgeschäfte verhindert sein.

Beispiel:
Ein Hausverwalter, der viele Häuser zu betreuen hat, muss in einem Haus mit dem Energieversorgungsunternehmen viele Verträge wegen des Einbaus neuer Gasuhren oder Elektrozähler abschließen.

Er beauftragt damit einen seiner Angestellten. Er ist dazu berechtigt, wenn in seinem Verwaltervertrag eine Klausel steht wie: »Der Bevollmächtigte ist berechtigt, Untervertreter zu bestellen.«

Gesamtvertretung

Nach dem Motto, vier Augen sehen mehr als zwei, kann es bei größeren Aufgaben zweckmäßig sein, zwei Vertreter zu bestellen.

Beispiel:
Ein Vertreter soll ein Ladenlokal verkaufen. Hier könnte der Vollmachtgeber auch zwei Personen benennen, zum Beispiel einen Makler und seinen Freund, damit sie gemeinsam das Ladenlokal verkaufen. In diesem Fall müsste in die Vollmacht ein Zusatz aufgenommen werden: »Die Bevollmächtigten können nur gemeinschaftlich handeln.«

Sollen sie nicht zum gemeinsamen Handeln verpflichtet werden, müsste der Zusatz lauten: »Jeder Bevollmächtigte kann für sich alleine handeln.«

Widerruf der Vollmacht und Erlöschen der Vollmacht

Eine Vollmacht erlischt, wenn sich das Rechtsgeschäft erledigt hat, weil zum Beispiel das Auto des Vollmachtgebers bereits verkauft ist. Der Vollmachtgeber kann die Vollmacht auch befristen und sie grundsätzlich jederzeit widerrufen. (Es ist dringend davon abzuraten und kann böse Folgen haben, wenn die Vollmacht unwiderruflich ausgestaltet ist.)

Der Bundesgerichtshof hat entschieden, dass auch eine unwiderrufliche Vollmacht widerrufen werden kann, wenn der Bevollmächtigte die Vollmacht missbraucht. Das bringt meist Probleme, denn der Geschäftspartner kann grundsätzlich auf das Fortbestehen der Vollmacht vertrauen, falls er nicht »bösgläubig« ist. Das Wort bösgläubig ist ein juristisches Wort und bedeutet, dass der andere nicht in gutem Glauben ist, weil ihm positiv bekannt oder infolge großer Fahrlässigkeit unbekannt ist, dass die Vollmacht erloschen ist.

Beispiel:
Der Vollmachtgeber hatte dem Vertragspartner schriftlich mitgeteilt, dass er seinem Neffen die Vollmacht widerrufen habe. Dann darf der Vertragspartner den Vertrag mit dem Neffen nicht mehr abschließen, obwohl dieser die alte Vollmacht vorlegt.

Es empfiehlt sich, den Widerruf einer Vollmacht sowohl dem möglichen Vertragspartner gegenüber als auch dem Bevollmächtigten selbst eindeutig zu erklären.

Vollmacht über den Tod hinaus

Der Tod des Vollmachtgebers führt in der Regel nicht zum Erlöschen der Vollmacht. Die Erben des Verstorbenen können aber jederzeit die Vollmacht widerrufen.

Es hat sich in der Praxis als zweckmäßig erwiesen, insbesondere bei einer Generalvollmacht zu vermerken, dass die Vollmacht über den Tod hinaus gültig ist (durch den Satz: »Diese Vollmacht gilt über meinen Tod hinaus.«), damit der Bevollmächtigte zunächst alles regeln kann, bevor die Erben an seine Stelle treten.

Beispiel:
Der Vollmachtgeber ist verstorben. Die Erben sind zunächst nicht bekannt oder haben ausgeschlagen. Die Bestattung des Verstorbenen muss schnellstens durchgeführt werden. Falls keine Bestattungsverfügung (Anweisung für den Todesfall) vorliegt, kann der Generalbevollmächtigte die Angelegenheiten regeln.

Vergütung des Bevollmächtigten

Der Bevollmächtigte führt für seinen Auftraggeber eine – wie die Juristen sagen – Geschäftsbesorgung durch. Eine solche Geschäftsbesorgung kann der Vertreter entgeltlich oder unentgeltlich durchführen.

Wenn der Vertreter ein Ehegatte, Verwandter oder Freund ist, wird er dies meist unentgeltlich tun. Man kann ihm aber insbesondere bei größeren Aufträgen »eine Belohnung« oder ein prozentuales Entgelt versprechen. Dafür gibt es keine festen Vorschriften.

Lediglich bei den gewerbsmäßig tätigen Vertretern, wie Anwälten, Architekten oder Maklern, sind solche Gebühren üblich und teilweise gesetzlich vorgeschrieben. Allerdings schreibt man die Höhe des Entgelts nicht in die Vollmacht hinein. Dieses Entgelt geht den Vertragspartner nichts an, es sei denn, dass er dieses Entgelt bezahlen muss, wie zum Beispiel die Provision eines Häusermaklers.

Hinweis: Die gesetzlichen Vorschriften über Vertretung und Vollmacht finden sich in den §§ 164 bis 181 BGB und sind im Anhang dieses Buchs abgebildet.

Muster

Die nachstehenden Muster können natürlich nach Bedarf abgeändert werden.

Einzelvollmacht

Ich ____________________,
(Name und Anschrift)
bevollmächtige hiermit
Herrrn/Frau ____________________,
(Name und Anschrift)

- *meinen Pkw, amtl. Kennzeichen ____________________*
- *meinen Computer, Marke Medion, mit Bildschirm und Zubehör*
- *die Einrichtung meiner Fahrradwerkstatt mit allem Zubehör*

zu verkaufen und den dazugehörigen Mietvertrag zu kündigen.
(usw.)
Der Bevollmächtigte ist berechtigt, die Höhe des Kaufpreises und die sonstigen Bedingungen des Kaufvertrags zu vereinbaren und den Kaufpreis in Empfang zu nehmen.
Der Bevollmächtigte ist von der Vorschrift des § 181 BGB befreit.

(Ort, Datum) *(Unterschrift)*

Generalvollmacht

Ich ____________________,
(Name und Anschrift)
bevollmächtige hiermit meinen Freund ____________,
(Name und Anschrift)
mich in allen meinen geschäftlichen, finanziellen und persönlichen Angelegenheiten zu vertreten.
Der Bevollmächtigte ist von der Vorschrift des § 181 BGB befreit.
Diese Vollmacht gilt über den Tod hinaus.
Der Bevollmächtige ist berechtigt, Untervollmacht zu erteilen.

(Ort, Datum) *(Unterschrift)*

Bei einer Generalvollmacht empfiehlt sich eine notarielle Beglaubigung der Unterschrift des Vollmachtgebers. Man kann auch den ganzen Text der Generalvollmacht – wie jede andere Vollmacht auch – durch einen Notar beurkunden lassen.

Eine Beurkundung ist wesentlich teurer als eine Beglaubigung der Unterschrift, aber eine beurkundete Vollmacht wirkt wesentlich seriöser.

Generalvollmacht mit ausführlichem Text

Hiermit bevollmächtige ich ____________________,
(Name, Anschrift)
Herrn/Frau ____________________,
(Name, Anschrift)
mich in allen meinen Angelegenheiten zu vertreten.

Der/die Bevollmächtigte ist berechtigt, meine sämtlichen persönlichen und finanziellen Angelegenheiten wahrzunehmen.
Die Vollmacht umfasst das Recht, insbesondere

- *mich gegenüber Gerichten, Behörden, sonstigen öffentlichen Stellen und Privatpersonen gerichtlich und außergerichtlich zu vertreten, sowie alle Prozesshandlungen für mich vorzunehmen;*
- *bewegliche Sachen, Grundstücke und Rechte für mich zu erwerben oder zu veräußern;*
- *Zahlungen oder Wertgegenstände für mich anzunehmen, zu quittieren oder Zahlungen vorzunehmen; den Zahlungs- und Überweisungsverkehr mit meiner Bank oder Sparkasse durchzuführen und überhaupt alles mit meiner Bank und Sparkasse zu regeln.*
- *dingliche Rechte jeglicher Art an meinem Grundstück ____________________ zu bestellen, zu übertragen, zu kündigen oder aufzugeben.*

Der Bevollmächtigte ist von den Beschränkungen des § 181 BGB befreit.
Der Bevollmächtigte ist berechtigt, für bestimmte Arten von Geschäften oder für einzelne Geschäfte Untervollmacht zu erteilen.
Diese Vollmacht gilt über meinen Tod hinaus, kann aber von mir oder nach meinem Ableben von meinen Erben widerrufen werden.

(Ort, Datum) *(Unterschrift)*

Widerruf einer Vollmacht gegenüber dem Bevollmächtigten

(Anschrift an den Bevollmächtigten)

Die Vollmacht vom ____________________, die ich Ihnen seinerzeit übergeben habe, widerrufe ich hiermit ausdrücklich.

Die Vollmacht ist damit erloschen.

Die Ihnen überlassene Vollmachtsurkunde nebst sämtlichen zur Verfügung gestellten Unterlagen wollen Sie mir bitte unverzüglich, spätestens bis zum __________ (Datum), zurücksenden. (Mit gleicher Post habe ich Herrn/Frau/Firma (evtl. vorgesehener Vertragspartner) vom Erlöschen Ihrer Bevollmächtigung Kenntnis gegeben.)

(Unterschrift)

Widerruf einer Vollmacht gegenüber dem vorgesehenen Verhandlungspartner

Hiermit teile ich Ihnen mit, dass die von mir
Herrn/Frau ____________________
(Name, Anschrift)
erteilte Vollmacht mit sofortiger Wirkung erloschen ist.
Herr/Frau ____________________ *ist nicht berechtigt, in meinem Namen irgendwelche Erklärungen abzugeben oder Rechtsgeschäfte vorzunehmen.*

(Unterschrift)

II. Vorsorgevollmacht

Vorbemerkung

Der Anteil älterer Menschen in unserer Gesellschaft nimmt ständig zu. Die höhere Lebenserwartung ist leider damit verbunden, dass viele Personen im Alter Hilfeleistungen anderer bedürfen. Aber auch jüngere Menschen können in einer bestimmten Lebenssituation die Hilfe anderer benötigen. In diesen Fällen kann eine Vorsorgevollmacht sinnvoll sein.

Generalvollmacht und Vorsorgevollmacht

Eine Generalvollmacht, wie sie im vorigen Kapitel erläutert wurde, kann den Bevollmächtigten »zur Vertretung in allen Angelegenheiten« ermächtigen.

Eine solche Generalvollmacht reicht aber nach der Rechtsprechung grundsätzlich nicht aus, wenn es um die medizinische Behandlung des Vollmachtgebers geht.

Sie genügt auch nicht für die Unterbringung in einer geschlossenen Anstalt und für andere freiheitsbeschränkende Maßnahmen (zum Beispiel Anbringen eines Bettgitters).

Man kann allerdings in eine Generalvollmacht einen Satz

einfügen wie: »Der Bevollmächtigte soll alle medizinisch gebotenen Maßnahmen zu meiner Heilbehandlung anordnen und ärztlicherseits für erforderlich gehaltenen Eingriffen zustimmen dürfen. Er ist auch bevollmächtigt, meine eventuell notwendige Unterbringung in einer geschlossenen Anstalt zu veranlassen.«

Es ist jedoch nicht üblich, in eine Generalvollmacht eine solche »medizinische« Klausel aufzunehmen. Dafür schreibt man in der Regel eine Vorsorgevollmacht aus.

Einverständniserklärung

Es kann zweckmäßig sein, die beauftragte Vertrauensperson zu bitten, eine Vorsorgevollmacht als Zeichen des Einverständnisses gegenzuzeichnen. Die Gegenzeichnung ist jedoch rechtlich nicht erforderlich.

Man sollte aber auf jeden Fall zu gesunden Lebzeiten den Text der Vorsorgevollmacht mit der Vertrauensperson besprechen und deren Einverständnis erbitten, da die Aufgaben eines solchen Bevollmächtigten unter Umständen mit viel Arbeit und Verantwortung verbunden sind.

Wirksamkeit der Vorsorgevollmacht

Die Vorsorgevollmacht soll eigentlich nur gelten, wenn der Vollmachtgeber nicht mehr selbst in der Lage ist, seine Angelegenheiten zu regeln.

Deshalb schreiben manche Vollmachtgeber in die Vollmacht: »Für den Fall, dass ich selbst krank, alt oder nicht mehr handlungsfähig bin, soll die Vertrauensperson bevollmächtigt sein.«

Mit einer solchen Klausel ist die Wirksamkeit der Vollmacht von der Handlungsfähigkeit des Vollmachtgebers abhängig. Diese Handlungsfähigkeit ist aber im Ernstfall schwer nachzuprüfen, deshalb sollte man eine solche Klausel unbedingt vermeiden.

Beglaubigung und Beurkundung

Man kann die Unterschrift unter einer Vorsorgevollmacht, wie bei jeder anderen Vollmacht, vom Notar beglaubigen lassen. Damit wird gleichzeitig bestätigt, dass die Vollmacht zu gesunden Lebzeiten erteilt wird. Man kann eine Vorsorgevollmacht selbstverständlich auch vollständig vom Notar beurkunden lassen, aber das ist mit erhöhten Kosten verbunden.

Zu Beglaubigung, Beurkundung und Kosten siehe Kapitel VIII, Seite 113 ff.

Kontrolle des Bevollmächtigten

Die Erteilung einer Vorsorgevollmacht setzt – ebenso wie eine Generalvollmacht – ein absolutes Vertrauen des Vollmachtgebers in die Person des Bevollmächtigten voraus, denn der Bevollmächtigte kann mit einer solchen Vorsorgevollmacht letztendlich über Tod und Leben des Vollmachtgebers entscheiden.

In der Schlussphase des menschlichen Lebens kann der Vollmachtgeber oft wegen seiner Erkrankung oder Geschäftsunfähigkeit auf die Handlungsweise des Bevollmächtigten keinen entscheidenden Einfluss mehr nehmen.

Der Bevollmächtigte kann dabei in eine schwere Konfliktsituation kommen. So ist zum Beispiel der Fall denkbar, dass die bevollmächtigte Vertrauensperson gleichzeitig der Alleinerbe des Vollmachtgebers ist. Muss in diesem Fall der Bevollmächtigte alles tun, um das Leben zu verlängern, obwohl dies offensichtlich dem Wunsch des Sterbenden widerspricht? Es könnte in einem solchen Fall der Verdacht auftreten, dass der Bevollmächtigte deshalb nicht für genügend lebenserhaltende Maßnahmen gesorgt hat, weil diese Maßnahmen sehr teuer sind und sein Erbe dadurch verringert werden könnte.

In einem solchen Fall wäre es gut, wenn der Bevollmächtigte durch einen Dritten kontrolliert würde. Es sind auch viele andere Fälle denkbar, insbesondere bei der Vermögensverwaltung oder Geschäftsführung, in denen eine Kontrolle zweckmäßig wäre.

Der Vollmachtgeber kann eine solche Kontrolle bereits in seiner Vollmacht anordnen, aber das würde von vornherein eine Störung des Vertrauensverhältnisses zwischen dem Vollmachtgeber und dem Bevollmächtigten bewirken.

Falls aber später für den Vollmachtgeber ein Betreuer bestellt wird, dann kann man bereits vorab in seiner eigenen Betreuungsverfügung das Gericht bitten, den Betreuer auch mit der Kontrolle seines Bevollmächtigten zu beauftragen.

Dazu heißt es im Gesetz (§ 1896 III BGB):

> Als Aufgabenkreis (eines gerichtlich bestellten Betreuers) kann auch die Geltendmachung von Rechten des Betreuten gegenüber seinem Bevollmächtigten bestimmt werden.

Das Gericht muss bei der Bestellung des Betreuers diese Betreuungsverfügung beachten. In der alltäglichen Praxis ist die Überwachung eines Bevollmächtigten durch eine dritte Person oder durch einen Betreuer jedoch nur schwer durchzuführen.

In diesem Zusammenhang kann nur der Ratschlag wiederholt werden: Man sollte nur einer solchen Person eine Vorsorgevollmacht erteilen, der man wirklich volles Vertrauen schenkt, ansonsten ist es besser, die Erteilung einer Vorsorgevollmacht zu unterlassen.

Anmerkung zur Vorsorgevollmacht

Das nachstehende Muster enthält die Kurzfassung einer solchen Vollmacht, die sich nur auf die Gesundheitsfürsorge und eventuelle Pflegebedürftigkeit bezieht.

Es ist empfehlenswert, daneben noch eine Generalvollmacht für alle anderen Dinge, insbesondere für die Vermögenssorge, zu verfassen.

Der Generalbevollmächtigte und der für die Gesundheitssorge Bevollmächtigte müssen nicht ein und dieselbe Person sein.

Es ist zum Beispiel denkbar, dass der Vollmachtgeber wegen der Gesundheitsfürsorge seine Nichte beauftragt, die von Beruf Krankenschwester ist, aber in den Vermögens- und geschäftlichen Angelegenheiten einem versierten Freund oder Rechtsanwalt Generalvollmacht erteilt.

Selbstverständlich kann der Ehegatte bevollmächtigt werden, jedoch empfiehlt sich eine solche, meist gegenseitige Bevollmächtigung nur bei jüngeren Ehepaaren. Bei älteren

Ehepaaren müsste zumindest ein Ersatzbevollmächtigter in Erwägung gezogen werden.

Das Bundesjustizministerium hat eine aus Textbausteinen zusammengesetzte Vorsorgevollmacht im Internet veröffentlicht. Dieses Muster des Justizministeriums finden Sie im Anschluss an das Kapitel IV über die Betreuungsverfügung, Seite 80 ff.

Schlussbemerkung zur rechtlichen Stellung des Bevollmächtigten aufgrund der Vorsorgevollmacht

Die hier aufgeführten Ratschläge zur Vorsorgevollmacht und zur Betreuung mögen leicht lesbar sein, aber ihre Umsetzung im täglichen Leben ist oft mit großen Schwierigkeiten verbunden. Es ist keinesfalls so, dass alle alten und kranken Menschen einsichtsfähig und dankbar sind und dass sie sich leicht pflegen und versorgen lassen. Der Bevollmächtigte mag den guten Willen haben, das Beste für seine Schützlinge zu tun, aber als Dank wird er beschimpft und beleidigt und ihm wird vorgehalten, dass er gar nichts zu bestimmen habe. Das mag nicht die Regel sein, kann aber im Einzelfall durchaus Komplikationen nach sich ziehen.

Rechtlich ergibt sich dann die Frage, ob aufgrund solcher Äußerungen des Vollmachtgebers die Vorsorgevollmacht überhaupt noch besteht. Es ist eventuell schwer zu beurteilen, ob der Vollmachtgeber noch geschäftsfähig ist und ob er eine Vollmacht widerrufen kann. Es kann auch vorkommen, dass es außer dem Betreuer noch andere Angehörige gibt, die seine Tätigkeit kritisieren und ihm Vorwürfe machen, dass er nicht für die richtige medizinische Behandlung und Betreuung des Betroffenen sorge.

In einem solchen Fall bleibt dem Bevollmächtigten – trotz seines guten Willens – kein anderer Weg, als die Vollmacht niederzulegen und beim Gericht eine Betreuung einzuleiten. Der Bevollmächtige kann sich dabei selbst als Betreuer vorschlagen. Als Betreuer hat er dann eine »amtliche Position«, um seine Anordnungen durchzusetzen.

Muster

Vorsorgevollmacht

Hiermit erteile ich ____________________,
(Name und Adresse)
eine Vollmacht für meine Gesundheitssorge und eventuelle Pflegebedürftigkeit
Herrn/Frau ____________________,
(Name und Adresse)
als Vertrauensperson.

Die Vertrauensperson darf alle Entscheidungen treffen, die für meine medizinische Behandlung im Rahmen der Gesundheitssorge erforderlich sind. Ich entbinde alle Ärzte und das nicht ärztliche Personal dieser Vertrauensperson gegenüber von ihrer Schweigepflicht.
Die Vertrauensperson darf insbesondere in jede Untersuchung meines Gesundheitszustands, jede Heilbehandlung oder jeden ärztlichen Eingriff einwilligen, selbst wenn die Gefahr besteht, dass ich einen schweren oder länger dauernden gesundheitlichen Schaden erleiden könnte.

Die Vertrauensperson darf auch über meine Unterbringung mit freiheitsentziehender Wirkung oder freiheitsentziehende Maßnahmen entscheiden, soweit das zu meinem Wohl erforderlich erscheint.

Die Vertrauensperson darf auch einwilligen, dass lebensverlängernde Maßnahmen unterlassen oder beendet werden.

Ich kann diese Vollmacht stets widerrufen, und sie gilt nur, wenn die Vertrauensperson sie im Original vorlegen kann.

(Datum) *(Unterschrift)*

III. Betreuung

Vorbemerkung

Die von vielen Menschen so gefürchtete Entmündigung und die Gebrechlichkeitspflegschaft sind am 1. 1. 1992 abgeschafft worden. Die Entmündigung bedeutete die völlige Geschäftsunfähigkeit des Betroffenen, der rechtlich seinen eigenen Willen verbindlich nicht mehr äußern konnte. Das wurde von vielen betroffenen Personen als entwürdigend angesehen.

Andererseits gibt es viele Menschen, die ohne fremde Hilfe nicht mehr existieren können, die schlichtweg geistig und körperlich handlungsunfähig sind. Für all diese Menschen ist eine neue gesetzliche Einrichtung geschaffen worden, nämlich die »gerichtlich angeordnete Betreuung«.

Es gibt zurzeit in der Bundesrepublik circa eine Million Menschen, die unter dieser gerichtlich angeordneten Betreuung stehen. Dazu muss Folgendes vorweg klargestellt werden. Betreuung im Sinne des Gesetzes bedeutet, dass ein gerichtlich bestellter Betreuer dem Betreuten zur Seite gestellt wird, der die Rechtsfürsorge für den Betreuten, nicht aber die tatsächliche Hilfe ausübt.

Der Betreuer ist keine Pflegeperson oder Reinigungskraft, sondern ein Rechtsvertreter.

Gesetzliche Regelung

Die gerichtlich angeordnete Betreuung ist im Bürgerlichen Gesetzbuch in den §§ 1896 bis 1908 k BGB geregelt (siehe Anhang).

Zuständig für die Betreuung ist das Amtsgericht, Vormundschaftsgericht, in dessen Bezirk der Betreute wohnhaft ist.

Die Voraussetzungen für die rechtliche Betreuung sind in § 1896 BGB festgelegt.

1. Kann ein Volljähriger aufgrund einer psychischen Erkrankung oder einer körperlichen, geistigen oder seelischen Behinderung seine Angelegenheiten ganz oder teilweise nicht besorgen, so stellt das Vormundschaftsgericht auf seinen Antrag oder von Amts wegen für ihn einen Betreuer. Den Antrag kann auch ein Geschäftsunfähiger stellen. Soweit der Volljährige aufgrund einer körperlichen Behinderung seine Angelegenheiten nicht besorgen kann, darf der Betreuer nur auf Antrag des Volljährigen bestellt werden, es sei denn, dass dieser seinen Willen nicht kundtun kann.

2. Ein Betreuer darf nur für Aufgabenkreise bestellt werden, in denen die Betreuung erforderlich ist. Die Betreuung ist nicht erforderlich, soweit die Angelegenheiten des Volljährigen durch einen Bevollmächtigten, der nicht zu den in § 1897 Abs. 3 bezeichneten Personen gehört, oder durch andere Hilfen, bei denen kein gesetzlicher Vertreter bestellt wird, ebenso gut wie durch einen Betreuer besorgt werden können.

3. Als Aufgabenkreis kann auch die Geltendmachung von Rechten des Betreuten gegenüber einem Bevollmächtigten bestimmt werden.

4. Die Entscheidung über den Fernmeldeverkehr des Betreuten und über die Entgegennahme, das Öffnen und das Anhalten seiner Post werden vom Aufgabenkreis des Betreuten nur dann erfasst, wenn das Gericht dies ausdrücklich angeordnet hat.

§ 1897 Bestellung einer natürlichen Person

1. Zum Betreuer bestellt das Vormundschaftsgericht eine natürliche Person, die geeignet ist, in dem gerichtlich bestimmten Aufgabenkreis die Angelegenheiten des Betreuten rechtlich zu besorgen und ihn in dem hierfür erforderlichen Umfang persönlich zu betreuen.

2. Der Mitarbeiter eines nach § 1809 f anerkannten Betreuungsvereins, der dort ausschließlich oder teilweise als Betreuer tätig ist (Vereinsbetreuer), darf nur mit Einwilligung des Vereins bestellt werden. Entsprechendes gilt für den Mitarbeiter einer in Betreuungsangelegenheiten zuständigen Behörde, der dort ausschließlich oder teilweise als Betreuer tätig ist (Behördenvertreter).

3. Wer zu einer Anstalt, einem Heim oder einer sonstigen Einrichtung, in welcher der Volljährige untergebracht ist oder wohnt, in einem Abhängigkeitsverhältnis oder in einer anderen engen Beziehung steht, darf nicht zum Betreuer bestellt werden.

4. Schlägt der Volljährige eine Person vor, die zum Betreuer bestellt werden kann, so ist diesem Vorschlag zu entsprechen, wenn es dem Wohl des Volljährigen nicht zuwiderläuft. Schlägt er vor, eine bestimmte Person nicht zu bestellen, so soll darauf Rücksicht genommen werden. Die Sätze 1 und 2 gelten auch für Vorschläge, die der Volljährige vor dem Betreuungsverfahren gemacht hat, es sei denn, dass er an diesen Vorschlägen erkennbar nicht festhalten will.

Die im Zusammenhang mit diesem Ratgeber entscheidende Vorschrift steht im Paragraph 1997, Abs. 4 BGB, wonach jedermann zu gesunden Lebzeiten in einer so genannten Betreuungsverfügung seine Wünsche bezüglich der Person des Betreuers äußern kann.

Wer die Betreuung im Rahmen seiner Berufsausübung führt, soll nur dann zum Betreuer bestellt werden, wenn keine andere geeignete Person zur Verfügung steht, die zur ehrenamtlichen Führung der Betreuung bereit ist.

Anmerkungen zur gesetzlichen Regelung

Eine Betreuung darf grundsätzlich nur angeordnet werden, wenn sie notwendig ist. Eine Betreuung kommt also nicht in Betracht, wenn ein gesunder Volljähriger sich selbst – gegebenenfalls mit Hauspersonal – helfen oder im eigenen Auftrag Ärzte, Krankenschwestern, Rechtsanwälte, Steuerberater hinzuziehen kann.

Eine Betreuung ist erst dann erforderlich, wenn der Betroffene alters- oder krankheitsbedingt nicht mehr in der Lage ist, ohne fremde Hilfe zu existieren, und solche Hilfe auch nicht mehr herbeiholen kann.

Nach der Rechtsprechung darf eine Zwangsbetreuung gegen den Willen des Betreuten nur angeordnet werden, wenn der Betreute betreuungsbedürftig und die Betreuung notwendig ist.

Vorsorgevollmacht und Betreuung

Ein Betreuer darf also vom Gericht nur dann bestellt werden, wenn eine Betreuung notwendig ist. Deswegen scheidet nach dieser klaren gesetzlichen Bestimmung die Anordnung einer Betreuung aus, wenn die Angelegenheiten des Betroffenen durch einen Bevollmächtigten genauso gut wie durch einen Betreuer besorgt werden können. Die Vorsorgevollmacht geht vor.

Erst wenn die Vorsorgevollmacht nicht ausreicht, kommt die Betreuung in Betracht. Falls der Bevollmächtigte seine Aufgabe nicht mehr erfüllen kann oder will oder falls der Bevollmächtige die Vollmacht zum Nachteil des Betroffenen missbraucht, dann muss das Gericht von Amts wegen einen Betreuer bestellen.

Die Bestellung eines Kontroll- oder Überwachungsbetreuers setzt voraus, dass der Betroffene aufgrund einer psychischen Erkrankung nicht in der Lage ist, den Bevollmächtigten zu kontrollieren, und ferner konkrete Anhaltspunkte dafür bestehen, dass der Bevollmächtigte seine Vollmacht missbraucht, also nicht zum Wohl des Betroffenen verwendet.

Diese Kontrollbetreuung dient als Ausgleich dafür, dass der geschäftsunfähige Betroffene die seinerzeit erteilte Vollmacht nicht mehr widerrufen kann.

Versucht eine geschäftsunfähige Person ernsthaft, eine früher wirksam erteilte umfassende Vorsorgevollmacht zu widerrufen, kann das dadurch zum Ausdruck gebrachte Misstrauen für das Gericht Anlass sein, eine Kontrollbetreuung einzurichten.

Betreuung und Testierfähigkeit

Die Frage, ob eine betreute Person im rechtlichen Sinne geschäftsfähig oder geschäftsunfähig ist, kann nicht generell beantwortet werden. Eine betreute Person kann durchaus im rechtlichen Sinne geschäftsfähig sein, insbesondere, wenn sie nur wegen körperlicher Gebrechen hilflos ist. Eine betreute Person aber, die wegen ihres psychischen Zustands unter Betreuung steht, wird im Regelfall geschäftsunfähig sein.

In diesem Zusammenhang interessiert aber nicht die Geschäftsfähigkeit der betreuten Person, sondern die Frage, ob sie testierfähig ist.

Dazu ist vorweg zu bemerken, dass der Betreuer niemals das Recht hat, im Namen des Betreuten für diesen ein Testament zu schreiben oder vom Notar beurkunden zu lassen.

Die Abfassung eines Testaments ist eine höchstpersönliche Angelegenheit, die nur der Betreute selbst vornehmen kann. Der Betreute kann ein Testament verfassen, wenn er testierfähig ist.

Die Begriffe »Geschäftsfähigkeit« und »Testierfähigkeit« hängen eng zusammen, sind aber zwei verschiedene Begriffe.

Geschäftsunfähig (§ 104 BGB) ist, wer nicht das 7. Lebensjahr vollendet hat oder »wer sich in einem die freie Willensbestimmung ausschließenden Zustand krankhafter Störung der Geistestätigkeit befindet, sofern nicht der Zustand seiner Natur nach ein vorübergehender ist«.

Kurz gefasst: Geschäftsunfähig ist, wer geisteskrank ist.

Testierunfähig (§ 2229 BGB) dagegen ist, »wer wegen krankhafter Störung der Geistestätigkeit, wegen Geistesschwäche oder wegen Bewusstseinsstörungen nicht in der Lage ist, die

Bedeutung einer von ihm abgegebenen Willenserklärung einzusehen und nach dieser Einsicht zu handeln«.

Kurz gefasst: Testierunfähig ist, wer kein vernünftiges Testament errichten kann.

Die Begriffe Geschäftsunfähigkeit und Testierunfähigkeit sind ein »weites Feld«. Um die Gültigkeit von Testamenten sind schon unzählige Prozesse geführt worden, und so wird es auch bleiben. Klar ist jedoch: Der Betreuer darf für den Betreuten kein Testament verfassen. Zur Vermeidung von Prozessen sei es generell jedermann empfohlen, rechtzeitig sein Testament abzufassen.

Betreuerauswahl

Das Gericht muss gemäß § 1897 BGB, wenn kein diesbezüglicher Vorschlag des Betroffenen vorliegt, einen geeigneten Betreuer auswählen. Das kann im gegebenen Fall für das Gericht eine sehr schwierige Entscheidung sein. Allgemeine Missstimmungen und Spannungen zwischen dem Betroffenen und dem Betreuer reichen nicht aus, den Betreuer zu entlassen. Es müssen konkrete Tatsachen festgestellt werden, dass das Wohl des Betreuten ernsthaft gefährdet sein könnte.

In der Rechtsprechung ist wiederholt entschieden worden, dass der von der betroffenen Person selbst vorgeschlagene Betreuer vor allen anderen Personen den Vorrang genießt. Dieses Vorschlagsrecht des Betroffenen – in gesunden oder auch in kranken Tagen, ausgesprochen oder schriftlich niedergelegt – ist vom Vormundschaftsgericht zu beachten. Daran ist das Gericht gebunden und darf davon nur abweichen, wenn die Bestellung des Vorgeschlagenen dem Wohl des Betreuenden offensichtlich zuwiderläuft. Dazu bedarf es einer umfassenden Abwägung aller Umstände und des Vorliegens konkreter Gefahrenmomente. Dies kann insbesondere dann der Fall sein, wenn der Betreuer die Vermögenssorge hat und in dieser Eigenschaft Vermögensverfügungen vornehmen kann, die sich zum Nachteil der vorgesehenen Erben auswirken könnten.

Betreuungsverfügung

Die Betreuungsverfügung ist eine Anweisung an das Gericht, eine Betreuung anzuordnen. Jede volljährige Person kann also einen Antrag auf Betreuung stellen, selbst wenn sie geschäftsunfähig ist. Das Gericht muss überprüfen, ob die tatsächlichen Voraussetzungen für eine Betreuung vorliegen. Jedoch genügt in diesem Fall – statt eines Sachverständigengutachtens – ein ärztliches Zeugnis über die Betreuungsbedürftigkeit. Dieses Antragsrecht hat nur der Betroffene selbst. Dritte Personen wie Verwandte, Freunde, Nachbarn und soziale Dienste, Pfarrer, Sozialarbeiter und Polizei haben kein eigenes Antragsrecht. Sie können den Sachverhalt aber dem Vormundschaftsgericht mitteilen. Das Gericht muss dann den Sachverhalt prüfen und gegebenenfalls von Amts wegen eine Betreuung einrichten.

In dem gerichtlichen Beschluss über die Betreuung wird der Aufgabenkreis des Betreuers festgelegt.

a) Vermögensrechtliche Angelegenheiten

Die wichtigste Aufgabe des Betreuers ist im Normalfall, dass er alle Vermögensangelegenheiten des Betroffenen regelt, also seine Rente abholt und erforderliche Geldmittel zur Verfügung stellt. Weitere finanzielle Angelegenheiten können etwa Bankgeschäfte und Mietangelegenheiten betreffen.

b) Die Vertretung in persönlichen Angelegenheiten

Dazu gehört in erster Linie, für die ärztliche Behandlung zu sorgen und Verträge mit sozialen Diensten (zum Beispiel »Essen auf Rädern« oder Pflegediensten) abzuschließen und Lebensmittel und Wäsche für den Betroffenen zu besorgen.

c) Aufenthaltsbestimmung

Der Betreuer hat über den Aufenthalt des Betreuten zu bestimmen. Er kann ihn in einem offenen Altersheim unterbringen. Zu der Unterbringung in einer geschlossenen Anstalt bedarf es allerdings der Genehmigung durch das Vormundschaftsgericht.

d) Überwachung des Bevollmächtigten

Wie bereits bei der Vorsorgevollmacht erwähnt, gibt es Fälle, in denen der Betroffene zum Beispiel einem Verwandten Bankvollmacht oder Generalvollmacht erteilt hat. In einem solchen Fall kann eine Betreuung dahingehend angeordnet werden, dass der Betreuer den Bevollmächtigten zu überwachen hat. Das ist, wie bereits bei der Vorsorgevollmacht ausgeführt, eine sehr problematische Angelegenheit.

So kann der Kontrollbetreuer vom Bevollmächtigten Auskunft verlangen, eine gesonderte Aufstellung des Vermögens und der Einnahmen und Ausgaben fordern und eine Vorlage der Belege. Er kann notfalls das der Vollmacht zugrunde liegende Rechtsverhältnis kündigen, die Vollmacht widerrufen und

Schadensersatzansprüche gegen den Bevollmächtigten geltend machen.

Nachtrag zum Thema Betreuung

Im *Spiegel* vom 10. 4. 2006 erschien ein Artikel unter der Überschrift »Da kommt keiner zwischen«.

In diesem Artikel heißt es, dass in Deutschland mehr als eine Million zumeist alte Menschen ihre Angelegenheiten nicht mehr alleine regeln dürfen. Viele sind dazu auch tatsächlich nicht mehr in der Lage. Mit der Vergreisung der Gesellschaft wird deren Zahl wohl weiter steigen – und damit auch die der Missbräuche. Die Gerichte sind kaum noch in der Lage, die Vielzahl der Fälle zu kontrollieren.

Wer beispielsweise als Demenzkranker erst einmal unter Betreuung gestellt wurde, hat kaum noch eine Chance, dem Teufelskreis zu entrinnen. Zwar setzt das Betreuungsrecht heutzutage die Wünsche des Betroffenen theoretisch an erste Stelle, doch häufig gelingt es selbst Angehörigen nicht, in den engen Zirkel von Betreuern und Gerichten einzudringen.

Die meisten davon haben tatsächlich das Wohl ihrer Pfleglinge im Auge, aber wenn nicht, sind die Senioren meist wehrlos. Es entscheiden immer dieselben Personen, die sich häufig seit Jahren kennen. Da sind Hintergründe schwer aufzuklären.

»Da kommt keiner zwischen«, wenn sich Richter und Betreuer einig sind. Mehr als die Hälfte aller Eingänge bei den Amtsgerichten sind mittlerweile laut *Spiegel*-Bericht Betreuungsfälle. Aber vor Missbrauch können sie letztlich nicht schützen.

Nach Ansicht des Bundesverbandes der Berufsbetreuer kann ein hauptberuflicher Betreuer nicht mehr als 50 Fälle seriös bearbeiten.

Da die Fälle in der Praxis kaum kontrolliert werden können, sollten für den verantwortungsvollen Job eines Betreuers Qualitätsstandards festgelegt werden. Solche Regeln könnten mehr Transparenz schaffen.

Experten gehen davon aus, dass die Zahl der Fälle steigen wird. Die gerichtlichen Erstbestellungen von Betreuern haben sich in den letzten zehn Jahren verdoppelt. Auch wenn die Zahl von mehr als einer Million unter Betreuung stehender Menschen hoch erscheint, dürfte der Bedarf nach Schätzung von Experten tatsächlich bei etwa fünf Millionen liegen. In den meisten Fällen übernehmen jedoch Familienangehörige diese Aufgabe, und auch dabei geht es nicht immer sauber zu. Was sich in Heimen oder in den eigenen vier Wänden abspielt, unterliegt überhaupt keiner Kontrolle.

Muster

Betreuungsverfügung

Hiermit bestimme ich ________________________,
(Name, Anschrift)
Folgendes:
Für den Fall, dass für mich ein Betreuer eingesetzt werden muss, habe ich den Wunsch, dass als Betreuer bestellt wird: ________________________
(Name, Anschrift)
Falls der von mir gewünschte Betreuer das Amt nicht annimmt oder aus sonstigen Gründen verhindert ist, bitte ich zu bestellen: ________________________
(Name, Anschrift)
Auf keinen Fall soll zu meinem Betreuer bestellt werden: ________________________
(Name, Anschrift)

In Bezug auf die Verwaltung meines Einkommens und Vermögens lege ich großen Wert darauf, dass meine Familienangehörigen – wie bisher in angemessenem Umfang – versorgt werden.

Für den Fall meiner Pflegebedürftigkeit möchte ich niemandem zur Last fallen. Ich bin bereit, in ein Heim möglichst in der Nähe meines bisherigen Wohnsitzes zu gehen.

(Ort, Datum) *(Unterschrift)*

Anregung auf Betreuung durch Familienangehörige, Behörde, Krankenhaus oder Nachbarn

An das Amtsgericht
Vormundschaftsgericht ____________________
(Anschrift)

Betrifft: Neue Betreuung für ____________________
(Name, Anschrift)

Sehr geehrte Damen und Herren,
ich bin der Neffe des oben genannten Herrn _________
Ich selbst wohne in München, mein Onkel in einem Einfamilienhaus in der Nähe von Düsseldorf. Ich habe ihn neulich anlässlich seines 80. Geburtstags besucht. Ich war erschrocken über seinen gebrechlichen Zustand. Er konnte kaum vernünftig sprechen. Er hatte auch nicht genügend zu essen im Haus und war sehr elend.
Seine Wohnung war völlig verwahrlost. Er hatte nur seinen Hund bei sich, der sich offensichtlich von irgendwelchen Resten ernährte.
Die Zustände waren so, dass er dringend Hilfe bedarf. Ich habe ihn zunächst eine Woche lang, so gut ich es vermochte, versorgt und bevorratet und stelle nunmehr den Antrag,
im Wege der einstweiligen Anordnung schnellstens von Amts wegen einen Betreuer zu bestellen,

damit mein Onkel versorgt und gegebenenfalls in ein Heim gebracht werden kann. Ich selbst bin zur Übernahme des Betreueramtes nicht in der Lage, weil ich in München mit meiner Familie wohnhaft bin und mich um die Verhältnisse meines Onkels im Raum Düsseldorf nicht genügend kümmern kann.

Mit freundlichen Grüßen
(Unterschrift)

Änderung der Betreuung

An das Amtsgericht
Vormundschaftsgericht
(Anschrift)

Betrifft: Meine Betreuung – Aktenzeichen ___________

Sehr geehrte Damen und Herren,
hiermit beantrage ich, die für meine Person angeordnete umfassende Betreuung bezüglich der Vermögensvorsorge einzuschränken, weil insoweit kein Betreuungsbedarf mehr besteht.

Begründung:
Durch Beschluss des Amtsgerichts/Vormundschaftsgerichts vom ___________ wurde wegen meiner damaligen schweren Erkrankung eine umfassende Betreuung für mich angeordnet und Herr/Frau ___________ von Amts wegen zu meinem Betreuer bestellt.
Ich habe gegen meinen Betreuer persönlich keine Einwendungen, aber ich habe mich in der Zwischenzeit geistig und körperlich so weit erholt, dass ich eigentlich keiner Betreuung mehr bedarf. (Ich bin bereit, mich deswegen einer fachärztlichen Untersuchung zu unterziehen.)
Trotzdem mag der Betreuer vorsorglich wegen der Gesundheitsfürsorge und der Aufenthaltsbestimmung weiter tätig bleiben, da mein Gesundheitszustand labil ist.

Ich möchte aber meine umfangreichen Vermögensangelegenheiten in Zukunft selbst regeln. Ich habe deshalb meinem Freund, Herrn ____________________, mit Urkunde vom ___________ des Notars ______________ in allen meinen Vermögensangelegenheiten Vollmacht erteilt.

Der Notar hat sich bei der Beurkundung davon überzeugen können, dass ich geistig dazu in der Lage bin, eine solche Vollmacht zu erteilen.
Ich bitte deshalb, die Betreuung bezüglich meiner Vermögensangelegenheiten aufzuheben und den derzeit bestellten Betreuer nur noch für den Aufgabenbereich Gesundheitsfürsorge mit Aufenthaltsbestimmungsrecht zu belassen.

(Ort, Datum) *(Unterschrift)*

IV. Vorsorgevollmacht und Betreuungsverfügung

Vorbemerkung

Eine Vorsorgevollmacht kann jeder Vollmachtgeber so gestalten, wie er es für richtig und zweckmäßig hält. Es gibt keinen verbindlich vorgeschriebenen Text. Das in diesem Buch wiedergegebene Muster für eine Vorsorgevollmacht (siehe Seite 48) enthält einen kurzen Text.

Das Bundesjustizministerium hat im Internet ein sehr ausführliches Muster veröffentlicht, das im Wesentlichen aus Textbausteinen besteht. Man kann nach diesem Muster für einzelne Sachgebiete eine Vollmacht erteilen. Am Ende des Textes steht eine Betreuungsverfügung, das heißt, es wird eine Anweisung an das Amtsgericht (Vormundschaftsgericht) gegeben, den Bevollmächtigten erforderlichenfalls auch als Betreuer zu bestellen. Der Vollmachtgeber kann selbstverständlich in seiner Vollmacht diese Betreuungsverfügung weglassen oder bitten, eine andere Person als Betreuer zu bestellen. Außerdem enthält das vorgegebene Muster eine Einverständniserklärung des Bevollmächtigten mit dieser Vollmachterteilung. Diese Einverständniserklärung ist nicht zwingend erforderlich, aber zweckmäßig.

Zentrales Vorsorgeregister der Bundesnotarkammer

Seit dem 1.3.2005 können alle Bürgerinnen und Bürger ihre Vorsorgevollmacht beim Zentralen Vorsorgeregister melden.

Die Bundesnotarkammer, eine Körperschaft des öffentlichen Rechts, führt das Zentrale Vorsorgeregister im gesetzlichen Auftrag (§§ 78 a ff BNotO) unter Rechtsaufsicht des Bundesministeriums für Justiz.

Das Zentrale Vorsorgeregister hilft den Gerichten beim Auffinden von Vorsorgevollmachten. Die Gerichte können auf diesem Weg vor jeder Anordnung einer Betreuung über einen besonders geschützten Bereich im Internet beziehungsweise über das Justiznetz beim Zentralen Vorsorgeregister anfragen, ob eine Vorsorgevollmacht hinterlegt ist.

Das Gericht kann mit den vorhandenen Informationen eine Entscheidung treffen, die dem in der Vorsorgevollmacht niedergelegten Willen des Betroffenen entspricht.

Der Zweck dieses Zentralen Vorsorgeregisters ist vor allem, die Anordnung unnötiger Betreuungen und/oder die Bestellung nicht gewünschter Personen als Betreuer zu vermeiden. Die Registrierung umfasst die wichtigen Angaben der Verfügung, also die Namen und Anschriften des Vollmachtgebers und der Vertrauensperson sowie den Umfang der Vollmacht.

Das Zentrale Vorsorgeregister verwahrt nicht das originale Schriftstück, in welchem die Vorsorgevollmacht erklärt wird. Dies wäre auch problematisch, weil die Vertrauensperson im Besitz der Vollmacht sein muss, um sich gegenüber Ärzten, Behörden und Banken ausweisen zu können.

Die Kosten für eine solche Registrierung im Bundeszentralregister sind gering und differieren je nachdem, ob die Anmeldung per Post, über das Internet oder über institutionelle Nutzer, insbesondere Rechtsanwälte, Notare oder Betreuungsbehörden, erfolgt. Die Kosten betragen für eine Internetanmeldung grundsätzlich 15,50 Euro und nur 13 Euro, wenn die Gebühren im Lastschriftverfahren eingezogen werden können.

Bundesnotarkammer
Zentrales Vorsorgeregister

Postanschrift:
Postfach 08 01 51
10001 Berlin

Hausanschrift:
Kronenstraße 42
10177 Berlin
Tel.: 0 18 05 / 35 50 50 (14ct/Minute)
E-Mail: info@vorsorgeregister.de

Muster des Bundesjustizministeriums

Vorsorgevollmacht mit Betreuungsverfügung

Ich ____________________
(Name, Vorname, Geburtsdatum)

erteile hiermit Vollmacht an ____________________
(Name, Vorname, Geburtsdatum)
(Adresse, Telefon)
ersatzweise: ____________________
(Name, Vorname, Geburtsdatum)
(Adresse, Telefon)

Diese Vertrauensperson wird hiermit bevollmächtigt, mich in allen Angelegenheiten zu vertreten, die ich im Folgenden angekreuzt habe.

Die Vollmacht ist nur wirksam, solange der Bevollmächtigte die Vollmachtsurkunde besitzt und bei Vornahme eines Rechtsgeschäfts die Urkunde im Original vorlegen kann.

Gesundheitssorge/Pflegebedürftigkeit *Ja Nein*

- *Sie darf in allen Angelegenheiten der Gesundheitssorge entscheiden, ebenso über alle Einzelheiten einer ambulanten oder (teil-)stationären Pflege. Sofern ich eine Patientenverfügung erstellt habe, muss diese beachtet werden.*

- *Sie darf insbesondere in sämtlichen Maßnahmen zur Untersuchung des Gesundheitszustands und in Heilbehandlungen einwilligen, auch wenn ich an einer solchen Behandlung sterben könnte oder einen schweren oder länger dauernden gesundheitlichen Schaden erleiden könnte (§ 1904 Abs. 1 BGB). Sie darf die Einwilligung zum Unterlassen oder Beenden lebensverlängernder Maßnahmen erteilen.*
- *Sie darf Krankenunterlagen einsehen und deren Herausgabe an Dritte bewilligen. Ich entbinde alle mich behandelnden Ärzte und nicht ärztliches Personal gegenüber meiner bevollmächtigten Vertrauensperson von der Schweigepflicht.*
- *Sie darf über meine Unterbringung mit freiheitsentziehender Wirkung (§ 1906 Abs. 1 BGB) und über freiheitsentziehende Maßnahmen (z. B. Bettgitter, Medikamente u. ä.) in einem Heim oder in einer sonstigen Einrichtung(§ 1906 Abs. 4 BGB) entscheiden, solange dergleichen zu meinem Wohle erforderlich ist.*

Aufenthalt und Wohnungsangelegenheiten *Ja Nein*

- *Sie darf meinen Aufenthalt bestimmen, Rechte und Pflichten aus dem Mietvertrag über meine Wohnung einschließlich einer Kündigung wahrnehmen sowie meinen Haushalt auflösen.*

Post- und Fernmeldeverkehr *Ja Nein*

- *Sie darf die für mich bestimmte Post entgegennehmen und öffnen sowie über den Fernmeldeverkehr entscheiden. Sie darf alle hiermit zusammenhängenden Willenserklärungen (z.B. Vertragsabschlüsse, Kündigungen) abgeben.*

Behörden *Ja Nein*

- *Sie darf mich bei Behörden, Versicherungen, Renten- und Sozialleistungsträgern vertreten.*

Vermögenssorge *Ja Nein*

- *Sie darf mein Vermögen verwalten und hierbei alle Rechtshandlungen und Rechtsgeschäfte im In- und Ausland vornehmen, Erklärungen aller Art abgeben und entgegennehmen sowie Anträge stellen, abändern, zurücknehmen, namentlich*
- *über Vermögensgegenstände jeder Art verfügen,*
- *die Rechte und Pflichten aus dem Mietvertrag über meine Wohnung wahrnehmen,*
- *Zahlungen und Wertgegenstände annehmen,*
- *Verbindlichkeiten eingehen, insbesondere Darlehens- und sonstige Kreditverträge abschließen,*
- *mich gegenüber Gerichten vertreten sowie Prozesshandlungen aller Art vornehmen,*
- *Willenserklärungen bezüglich meiner Konten, Depots und Safes abgeben. Sie darf mich im Geschäftsverkehr mit Kreditinstituten vertreten.*

Betreuungsverfügung *Ja Nein*
Falls trotz dieser Vollmacht eine gesetzliche Vertretung (»rechtliche Betreuung«) erforderlich sein sollte, bitte ich, die oben bezeichnete Vertrauensperson als Betreuer zu bestellen.

(Ort, Datum) (Unterschrift des Vollmachtgebers/der Vollmachtgeberin)

(Ort, Datum) (Unterschrift des Vollmachtnehmers/der Vollmachtnehmerin)

V. Patientenverfügung

Vorbemerkung

Eine Patientenverfügung – auch Patientenbrief oder Patiententestament genannt – ist eine Anweisung, die ein Mensch in gesunden Tagen verfasst, verbunden mit dem Wunsch, wie er am Ende seines Lebens medizinisch behandelt werden will. Es ist eine Anweisung an den behandelnden Arzt und die nächsten Angehörigen, welche Maßnahmen zur Erhaltung seines Lebens oder seiner Beendigung vorgenommen werden sollen. Sie ist meist verbunden mit dem Wunsch auf ein schmerzfreies und würdiges Sterben.

Diese Anweisung sollte grundsätzlich schriftlich ergehen. Zwar sollte ein mündlich geäußerter diesbezüglicher Wunsch ebenfalls berücksichtigt werden, aber seine Verwirklichung scheitert oft daran, dass er im Zweifel nicht zu beweisen ist.

Zum Thema Patientenverfügung und ihrer richtigen »Abfassung« gibt es inzwischen sehr viel Literatur, auch in den Tageszeitungen sind unzählige Artikel zu diesem Thema veröffentlicht worden, aber es gibt keine verbindlichen Richtlinien. Allerdings hat das Bundesjustizministerium eine umfangreiche Veröffentlichung zur Patientenverfügung ins Internet gestellt (http://www.bmj.bund.de).

Der Bundesgerichtshof hat in einer grundlegenden Entscheidung vom 17.3.2003 betont, dass es die Würde des Menschen gebietet, dass sein in einer Patientenverfügung niedergelegter Wille auch dann zu berücksichtigen ist, wenn dieser Mensch selbst zu eigenverantwortlicher Entscheidung nicht mehr in der Lage ist.

Das bedeutet, dass eine Patientenverfügung auch dann fortwirkt, wenn man selbst keine Entscheidung mehr treffen kann.

Gesetzliche Vorschriften

Die Problematik einer Patientenverfügung beruht auf der schwierigen Rechtslage in Deutschland.

In unserem Grundgesetz, Artikel 1 heißt es:

Die Würde des Menschen ist unantastbar.

Zur Menschenwürde gehört auch das Recht auf ein würdiges Sterben.

Nach Artikel 2 des Grundgesetzes hat jeder das Recht auf eine freie Entfaltung seiner Persönlichkeit und das Recht auf Leben und körperliche Unversehrtheit. Daraus folgt, dass jeder Mensch auch ein Recht auf seinen eigenen Tod hat und deshalb ist nunmehr – im Gegensatz zu früheren Zeiten – der Selbstmord straffrei. Somit ist auch die Beihilfe zu einer straffreien Tat, nämlich die Beihilfe zum Selbstmord, straffrei.

Andererseits gibt es die Strafvorschrift des § 216 StGB, wonach die Tötung auf Verlangen mit einer Freiheitsstrafe von sechs Monaten bis zu fünf Jahren bestraft wird. Insoweit ist auch die Beihilfe zur Tötung auf Verlangen strafbar.

Daraus folgt ein fast unlösbarer Widerspruch zwischen der straffreien Beihilfe zum Selbstmord und der strafbaren Beihilfe zur Tötung auf Verlangen.

Schließlich gibt es noch die Strafvorschrift der unterlassenen Hilfeleistung; nach § 323 c StGB ist strafbar, wer keine Hilfe leistet, obwohl diese Hilfe erforderlich und nach den Umständen zumutbar ist. So ist es die Aufgabe der Ärzte zu helfen und nicht einen Sterbenden einfach sterben zu lassen.

Aus diesen widersprüchlichen gesetzlichen Bestimmungen ergibt sich die Schwierigkeit, einen Menschen am Ende seines Lebens seinen Wünschen entsprechend medizinisch zu behandeln und ihm ein würdiges Sterben zu erleichtern.

Zur Abkürzung der Diskussion kann man folgende Kurzformel verwenden:

Die aktive Sterbehilfe ist derzeit (in Deutschland) untersagt und strafbar.

Die passive Sterbehilfe ist gesetzlich zulässig.

Passiv bedeutet, nicht zu handeln. Die Angehörigen, der Bevollmächtigte und der Betreuer brauchen also keine lebenserhaltenden und lebensverlängernden Maßnahmen einzuleiten oder fortzuführen, wenn der Sterbende dies so zu gesunden Lebzeiten angeordnet hat.

Folglich ist die Patientenverfügung im Regelfall die Bitte an den Arzt und die Angehörigen, im Sterbeprozess keine lebenserhaltenden und lebensverlängernden Maßnahmen anzuordnen.

In einer Patientenverfügung kann aber auch bestimmt werden, dass alle denkbaren und möglichen Maßnahmen zur Erhaltung des Lebens eingeleitet werden sollen.

Künstliche Ernährung

Das Problem der Sterbehilfe und Lebensverlängerung hat seit einigen Jahren eine neue Dimension bekommen. Zum Zweck der künstlichen Ernährung eines Menschen hat man eine Magensonde entwickelt, die mittels einer kleinen Operation unter Narkose durch die Bauchdecke eingeführt wird. Auf diese Weise kann man Personen, die im Koma liegen, ohne zusätzliche Beschwerden über viele Jahre hinweg künstlich ernähren. In Einzelfällen sind Menschen über 20 Jahre auf diese Weise künstlich mit Nahrung versorgt worden.

Durch die Existenz dieser Möglichkeit ergibt sich die Frage, ob ein solches Leben im Koma mit künstlicher Ernährung zu einem würdevollen Sterbeprozess gehört. Und für die Angehörigen stellt sich die schwerwiegende Frage, ob sie eine künstliche Ernährung abbrechen dürfen, wenn dadurch der Tod des Patienten früher eintreten wird.

Dies ist nicht nur ein ethisches Problem, sondern betrifft auch die finanzielle Situation. Denn die künstliche Ernährung in einem Pflegeheim ist mit hohen Kosten verbunden, die von den Kranken- und Pflegekassen nicht gezahlt werden und die letztlich das Vermögen des Patienten und damit sein Erbe aufzehren können.

Nach der Rechtsprechung ist die künstliche Ernährung ein Eingriff in die körperliche Integrität, die der Einwilligung des Patienten bedarf. Deshalb ist eine gegen den Willen des Patienten durchgeführte künstliche Ernährung eine rechtswidrige Handlung. Der Patient kann deshalb verlangen, dass die künstliche Ernährung eingestellt wird, selbst wenn die Einstellung zu seinem Tod führen wird. In diesem Stadium des Lebens und Sterbens ist der Patient meistens selbst nicht mehr in der

Lage, eine diesbezügliche Erklärung abzugeben. Er kann sie aber zuvor in einer Patientenverfügung niedergelegt haben.

Diese Verfügung ist dann, wenn nicht eine offensichtliche Änderung des Willens vorliegt, vom Arzt, dem Bevollmächtigten, Betreuer und den Angehörigen zu beachten.

Der Bundesgerichtshof hat sich auch mit dem Fragenkomplex befasst, ob ein Pflegeheimvertrag oder die Gewissensfreiheit des Pflegepersonals einem Verlangen der Angehörigen auf Behandlungsabbruch entgegengesetzt werden kann.

Im konkreten Fall hatte der Betreuer im Namen seines Betreuten von dem Pflegeheim die Einstellung der künstlichen Ernährung verlangt. Das Heim lehnte dies ab. Der Bundesgerichtshof entschied jedoch, dass das Heim nicht gegen den Willen des Patienten und seines Betreuers die künstliche Ernährung fortsetzen darf.

In diesem Zusammenhang muss auf eine hoch umstrittene Bestimmung im Betreuungsrecht, nämlich auf den § 1904 BGB hingewiesen werden, die folgenden Wortlaut hat:

1. Die Einwilligung des Betreuers in eine Untersuchung des Gesundheitszustands, eine Heilbehandlung oder einen ärztlichen Eingriff bedarf der Genehmigung des Vormundschaftsgerichts, wenn der Betreute aufgrund der Maßnahme stirbt oder einen schweren oder länger dauernden gesundheitlichen Schaden erleidet.
Ohne die Genehmigung darf die Maßnahme durchgeführt werden, wenn mit dem Aufschub Gefahr verbunden ist.

2. Absatz 1 gilt auch für die Einwilligung des Bevollmächtigten. Sie ist nur wirksam, wenn die Vollmacht schriftlich erteilt ist und die in Absatz 1 Satz 1 genannten Maßnahmen ausdrücklich umfasst.

Diese Vorschrift des § 1904 BGB macht die Rechtslage nicht einfacher. Der Bundesgerichtshof hat jedenfalls in der vorerwähnten Entscheidung erklärt, dass in diesem Falle für den Abbruch der künstlichen Ernährung keine vormundschaftsgerichtliche Genehmigung erforderlich gewesen sei. Der Betreuer habe sich in Übereinstimmung mit den behandelnden Ärzten gegen eine weitere künstliche Ernährung entschieden, und diese Entscheidung des Betreuers sei auch ohne vormundschaftsgerichtliche Genehmigung verbindlich.

Der Bundesgerichtshof führt aber abschließend aus, dass die strafrechtlichen Grenzen der Sterbehilfe im weiteren Sinne (Hilfe zum Sterben) bislang noch nicht hinreichend geklärt seien (BGH in FamRZ 2005, Seite 1474 ff.).

Muster

Nach Auffassung des Verfassers genügt ein Patientenbrief folgenden Inhalts:

Patientenverfügung

In vollem Bewusstsein und nach reiflicher Überlegung bestimme ich für den Fall, dass ich infolge Krankheit oder Unfall meine Angelegenheiten nicht mehr selbst regeln kann, Folgendes:

1) Sollte ärztlicherseits festgestellt werden, dass ich mich in einem unaufhaltsamen Sterbeprozess befinde, soll man mir in ausreichendem Maße schmerzlindernde Mittel geben, selbst wenn dadurch der Tod schneller herbeigeführt wird.

2) In allen Fällen voraussichtlicher dauernder Bewusstlosigkeit, schwerer Dauerschädigungen des Gehirns, dauernden Ausfalls lebenswichtiger Funktionen meines Körpers und in allen Fällen, in denen ein Hinausschieben des aufgrund meiner Erkrankung sicheren Todes nur eine Verlängerung meines Leidens bedeuten würde, wünsche ich keine lebenserhaltenden oder wiederbelebenden ärztlichen Maßnahmen.

Den Wunsch nach einem menschenwürdigen Tod bringe ich hiermit eindringlich zum Ausdruck und bitte, diesen Brief dem behandelnden Arzt zu übergeben.

(Ort, Datum) *(Unterschrift)*

Den Menschen, die ihrem behandelnden Arzt und den Angehörigen konkretere Anweisungen geben möchten, wird diese Patientenverfügung vielleicht nicht genügen. Das Bundesjustizministerium hat eine Patientenverfügung mit Textbausteinen im Internet veröffentlicht. Wem also der Text des oben stehenden Patientenbriefs nicht ausreichend erscheint, der kann auch die nachfolgenden Formulierungshilfen des Bundesjustizministeriums verwenden.

Formulierungshilfe Patientenverfügung vom Bundesministerium der Justiz (Auszüge)

Empfohlener Aufbau einer schriftlichen Patientenverfügung

Eingangsformel*
Situationen, für die die Patientenverfügung gelten soll*
Festlegung zu ärztlichen/pflegerischen Maßnahmen*
Wünsche zu Ort + Begleitung
Aussagen zur Verbindlichkeit
Hinweise auf weitere Vorsorgeverfügungen
Hinweise auf beigefügte Erläuterungen
Organspende
Schlussformel*
Schlussbemerkungen
Datum, Unterschrift*
Aktualisierung(en), Datum, Unterschrift

Besonders wichtige Bestandteile sind mit einem Sternchen* gekennzeichnet.

Textbausteine, die für eine Patientenverfügung verwendet werden können

a. Eingangsformel

Ich, ____________________ (Name, Vorname, geboren am, wohnhaft in), bestimme hiermit für den Fall, dass ich meinen Willen nicht mehr bilden oder verständlich äußern kann …

b. Exemplarische Situationen, für die die Verfügung gelten soll

Wenn ich

- *mich aller Wahrscheinlichkeit nach unabwendbar im unmittelbaren Sterbeprozess befinde …*
- *mich im Endstadium einer unheilbaren, tödlich verlaufenden Krankheit befinde, selbst wenn der Todeszeitpunkt noch nicht absehbar ist …*
- *in Folge einer Gehirnschädigung meine Fähigkeit, Einsichten zu gewinnen, Entscheidungen zu treffen und mit anderen Menschen in Kontakt zu treten, nach Einschätzung zweier erfahrener Ärztinnen oder Ärzte* (können namentlich benannt werden) *aller Wahrscheinlichkeit nach unwiederbringlich erloschen ist, selbst wenn der Todeszeitpunkt noch nicht absehbar ist.*

  Dies gilt für direkte Gehirnschädigung z. B. durch Unfall, Schlaganfall oder Entzündung ebenso wie für indirekte Gehirnschädigung, z. B. nach Wiederbelebung, Schock oder Lungenversagen. Es ist mir bewusst, dass in solchen Situationen die Fähigkeit zu Empfindungen erhalten sein kann und dass ein Aufwachen aus diesem Zustand nicht ganz sicher auszuschließen, aber unwahrscheinlich ist.

- *in Folge eines weit fortgeschrittenen Hirnabbauprozesses (z. B. bei Demenzerkrankung) auch mit ausdauernder Hilfestellung nicht mehr in der Lage bin, Nahrung und Flüssigkeit auf natürliche Weise zu mir zu nehmen.*

- *Eigene Beschreibung der Anwendungssituation:*

  ____

  ____

  (Anmerkung: Es sollten nur Situationen beschrieben werden, die mit einer Einwilligungsunfähigkeit einhergehen können.)

c. Festlegungen zu Einleitung, Umfang oder Beendigung bestimmter ärztlicher Maßnahmen

Lebenserhaltende Maßnahmen

In den oben beschriebenen Situationen wünsche ich,

- *dass alles medizinisch Mögliche getan wird, um mich am Leben zu erhalten und meine Beschwerden zu lindern.*
- *auch fremde Gewebe und Organe zu erhalten, wenn dadurch mein Leben verlängert werden könnte.*

oder

- *dass alle lebenserhaltenden Maßnahmen unterlassen werden. Hunger und Durst sollten auf natürliche Weise gestillt werden, gegebenenfalls mit Hilfe bei der Nahrungs- und Flüssigkeitsaufnahme. Ich wünsche fachgerechte Pflege von Mund und Schleimhäuten sowie menschenwürdige Unterbringung, Zuwendung, Körperpflege und das Lindern von Schmerzen, Atemnot, Übelkeit, Angst, Unruhe und anderer belastender Symptome.*

Schmerz- und Symptombehandlung

In den oben beschriebenen Situationen wünsche ich eine fachgerechte Schmerz- und Symptombehandlung,

- *aber keine bewusstseinsdämpfenden Mittel zur Schmerz- und Symptombehandlung.*

oder

- *wenn alle sonstigen medizinischen Möglichkeiten zur Schmerz- und Symptomkontrolle versagen, auch bewusstseinsdämpfende Mittel zur Beschwerdelinderung.*
- *die unwahrscheinliche Möglichkeit einer ungewollten Verkürzung meiner Lebenszeit durch schmerz- und symptomlindernde Maßnahmen nehme ich in Kauf.*

Künstliche Ernährung

In den oben beschriebenen Situationen wünsche ich,

- *dass eine künstliche Ernährung begonnen oder weitergeführt wird.*

oder

- *dass keine künstliche Ernährung unabhängig von der Form der künstlichen Zuführung der Nahrung (z. B. Magensonde durch Mund, Nase oder Bauchdecke, venöse Zugänge) erfolgt.*

Künstliche Flüssigkeitszufuhr

In den oben beschriebenen Situationen wünsche ich

- *eine künstliche Flüssigkeitszufuhr.*

oder

- *die Reduzierung künstlicher Flüssigkeitszufuhr nach ärztlichem Ermessen.*

oder

- *die Unterlassung jeglicher künstlichen Flüssigkeitszufuhr.*

Wiederbelebung

A. In den oben beschriebenen Situationen wünsche ich

- *in jedem Fall Versuche der Wiederbelebung.*

oder

- *die Unterlassung von Versuchen zur Wiederbelebung.*
- *dass der Notarzt nicht verständigt wird bzw. dass ein ggf. hinzugezogener Notarzt unverzüglich über meine Ablehnung von Wiederbelebungsmaßnahmen informiert wird.*

B. Nicht nur in den beschriebenen Situationen, sondern in allen Fällen eines Kreislaufsstillstands oder Atemversagens

- *lehne ich Wiederbelebungsmaßnahmen ab.*

oder

- *lehne ich Wiederbelebungsmaßnahmen ab, sofern diese Situationen nicht im Rahmen medizinischer Maßnahmen unerwartet eintreten.*

Künstliche Beatmung

In den oben beschriebenen Situationen wünsche ich

- *eine künstliche Beatmung, falls dies mein Leben verlängern kann.*

oder

- *dass keine künstliche Beatmung durchgeführt bzw. eine schon eingeleitete Beatmung eingestellt wird, unter der Voraussetzung, dass ich Medikamente zur Linderung der Luftnot erhalte. Die Möglichkeit einer Bewusstseinsdämpfung oder einer ungewollten Verkürzung meiner Lebenszeit durch diese Medikamente nehme ich in Kauf.*

Dialyse

In den oben beschriebenen Situationen wünsche ich

- *eine künstliche Blutwäsche (Dialyse), falls dies mein Leben verlängern kann.*

oder

- *dass keine Dialyse durchgeführt bzw. eine schon eingeleitete Dialyse eingestellt wird.*

Antibiotika

In den oben beschriebenen Situationen wünsche ich

- *Antibiotika, falls dies mein Leben verlängern kann.*

oder

- *Antibiotika nur zur Linderung meiner Beschwerden.*

Blut/Blutbestandteile

In den oben beschriebenen Situationen wünsche ich

- *die Gabe von Blut oder Blutbestandteilen, falls dies mein Leben verlängern kann.*

oder

- *die Gabe von Blut oder Blutbestandteilen nur zur Linderung meiner Beschwerden.*

d. Organspende

Ich stimme einer Entnahme meiner Organe nach meinem Tod zu Transplantationszwecken zu (ggf.: *Ich habe einen Organspendeausweis ausgefüllt*). *Komme ich nach ärztlicher Beurteilung bei einem sich abzeichnenden Hirntod als Organspender in Betracht und müssen dafür ärztliche Maßnahmen durchgeführt werden, die ich in meiner Patientenverfügung ausgeschlossen habe, dann*

(Alternativen)

- *geht die von mir erklärte Bereitschaft zur Organspende vor.*
- *gehen die Bestimmungen in meiner Patientenverfügung vor.*

oder

- *Ich lehne eine Entnahme meiner Organe nach meinem Tod zu Transplantationszwecken ab.*

e. Ort der Behandlung, Beistand

Ich möchte

- *zum Sterben ins Krankenhaus verlegt werden.*

oder

- *wenn irgend möglich zu Hause bzw. in vertrauter Umgebung sterben.*

oder

- *wenn möglich in einem Hospiz sterben.*

Ich möchte

- *Beistand durch folgende Person:* ______________________

  ____

  ____

- *Beistand durch eine Vertreterin oder einen Vertreter folgender Kirche oder Weltanschauungsgemeinschaft:*

  ____

  ____

- *hospizlichen Beistand.*

f. Aussagen zur Verbindlichkeit, zur Auslegung und Durchsetzung und zum Widerruf der Patientenverfügung

- *Ich erwarte, dass der in meiner Patientenverfügung geäußerte Wille zu bestimmten ärztlichen und pflegerischen Maßnahmen von den behandelnden Ärztinnen und Ärzten und dem Behandlungsteam befolgt wird. Mein(e) Vertreter(in) – z. B. Bevollmächtigte(r)/Betreuer(in) – soll dafür Sorge tragen, dass mein Wille durchgesetzt wird.*
- *Sollte eine Ärztin oder ein Arzt oder das Behandlungsteam nicht bereit sein, meinen in dieser Patientenverfügung geäußerten Willen zu befolgen, erwarte ich, dass für eine anderweitige medizinische und/oder pflegerische Behandlung gesorgt wird. Von meiner Vertreterin/meinem Vertreter – z. B. Bevollmächtigte(r)/Betreuer(in) – erwarte ich, dass sie/er die weitere Behandlung so organisiert, dass meinem Willen entsprochen wird.*
- *In Situationen, die in dieser Patientenverfügung nicht konkret geregelt sind, ist mein mutmaßlicher Wille möglichst im Konsens aller Beteiligten zu ermitteln. Dafür soll diese Patientenverfügung als Richtschnur maßgeblich sein. Die letzte Entscheidung über anzuwendende oder zu unterlassende ärztliche/pflegerische Maßnahmen liegt bei:*

(Alternativen)

- *meiner/meinem Bevollmächtigten*
- *meiner Betreuerin/meinem Betreuer*
- *der behandelnden Ärztin oder dem behandelnden Arzt*

- *Wenn ich meine Patientenverfügung nicht widerrufen habe, wünsche ich nicht, dass mir in der konkreten Anwendungssituation eine Änderung meines Willens unterstellt wird. Wenn aber die* behandelnden Ärztinnen *und*

Ärzte/das Behandlungsteam/mein(e) Bevollmächtigte/Betreuer(in) *aufgrund meiner Gesten, Blicke oder anderen Äußerungen die Auffassung vertreten, dass ich entgegen den Festlegungen in meiner Patientenverfügung doch behandelt oder nicht behandelt werden möchte, dann ist möglichst im Konsens aller Beteiligten zu ermitteln, ob die Festlegungen in meiner Patientenverfügung noch meinem aktuellen Willen entsprechen. Die letzte Entscheidung über anzuwendende oder zu unterlassende ärztliche/pflegerische Maßnahmen liegt bei:*

(Alternativen)

- *meiner/meinem Bevollmächtigten*
- *meiner Betreuerin/meinem Betreuer*
- *der behandelnden Ärztin oder dem behandelnden Arzt*

g. Hinweise auf weitere Vorsorgeverfügungen

■ *Ich habe zusätzlich zur Patientenverfügung eine Vorsorgevollmacht für die Gesundheitsangelegenheiten erteilt und den Inhalt dieser Patientenverfügung mit der von mir bevollmächtigten Person besprochen:*

Bevollmächtige(r)

Name: ______________________________

Anschrift: ______________________________

Telefon: ________________ *Telefax:* ________________

■ *Ich habe eine Betreuungsverfügung zur Auswahl des Betreuers erstellt* (ggf.: *und den Inhalt dieser Patientenverfügung mit der/dem von mir gewünschten Betreuerin/Betreuer besprochen*).

Gewünschte Betreuerin/Betreuer
Name: ____________________
Anschrift: ____________________
Telefon: __________ *Telefax:* __________

- *Ich habe einen Notfallbogen ausgefüllt, den auch* meine Hausärztin/mein Hausarzt *bestätigt hat.*

h. Hinweis auf beigefügte Erläuterungen zur Patientenverfügung

Als Interpretationshilfe zu meiner Patientenverfügung habe ich beigelegt:

- *Darstellung meiner allgemeinen Wertvorstellungen.*

  ____

- *Sonstige Unterlagen, die ich für wichtig erachte:*

  ____

i. Schlussformel

Soweit ich bestimmte Behandlungen wünsche oder ablehne, verzichte ich ausdrücklich auf eine (weitere) ärztliche Aufklärung.

k. Schlussbemerkungen

- *Mir ist die Möglichkeit der Änderung und des Widerrufs einer Patientenverfügung bekannt.*
- *Ich bin mir des Inhalts und der Konsequenzen meiner darin getroffenen Entscheidungen bewusst.*
- *Ich habe die Patientenverfügung in eigener Verantwortung und ohne äußeren Druck erstellt.*
- *Ich bin im Vollbesitz meiner geistigen Kräfte.*

l. Information/Beratung

Ich habe mich vor der Erstellung dieser Patientenverfügung informiert bei/durch ______________________
und beraten lassen durch ______________________.

m. Ärztliche Aufklärung/Bestätigung der Einwilligungsfähigkeit

Herr/Frau ______________________
wurde von mir am ______________________
bzgl. der möglichen Folgen dieser Patientenverfügung aufgeklärt.
Er/sie war in vollem Umfang einwilligungsfähig.
Datum: ______________________
Unterschrift, Stempel der Ärztin/des Arztes ______________________

(Die Einwilligungsfähigkeit kann auch durch eine Notarin oder einen Notar bestätigt werden.)

n. Aktualisierung

- *Diese Patientenverfügung gilt so lange, bis ich sie widerrufe.*

oder

- *Diese Patientenverfügung soll nach Ablauf von* __________ (Zeitangabe) *ihre Gültigkeit verlieren, es sei denn, dass ich sie durch meine Unterschrift erneut bekräftige.*
- *Um meinen in der Patientenverfügung niedergelegten Willen zu bekräftigen, bestätige ich diesen nachstehend*
- *in vollem Umfang.*
- *mit folgenden Änderungen:*

  ____

  ____

Datum: ______________________________

Unterschrift: ______________________________

(Der gesamte Text ist im Internet auf der Seite des Bundesministeriums für Justiz www.bmj.bund.de verfügbar.)

VI. Organspende

Organspende und Transplantation

Eine Organspende liegt vor, wenn jemand die Erlaubnis erteilt, dass seine Organe nach seinem Tod entnommen und einem anderen Menschen eingepflanzt werden dürfen. Eine solche Organspende bedarf der vorherigen Zustimmung des Verstorbenen oder seiner Angehörigen. Diese Zustimmung nennt man Organverfügung.

Eine Transplantation ist eine Operation, bei der gesunde Organe oder Gewebe eines Verstorbenen auf einen chronisch schwerkranken Menschen übertragen werden mit dem Ziel, dem kranken Empfänger die verlorene Funktion der zerstörten Organe wiederzugeben. Die Transplantation hilft also, das Leben solcher Menschen zu retten.

Gesetzliche Grundlage

Nach jahrelanger Diskussion hatte der Deutsche Bundestag mit großer Mehrheit 1997 das Transplantationsgesetz verabschiedet. Dieses Gesetz regelt die Spende, Entnahme, Vermittlung und Übertragung von Organen, die nach dem Tod eines Menschen oder zu dessen Lebzeiten gespendet werden.

Das Transplantationsgesetz sieht eine »erweiterte Zustimmungslösung« vor. Danach ist vorrangig der Wille des Verstorbenen, den er zu Lebzeiten geäußert hat. Ist dieser Wille nicht schriftlich niedergelegt, können die nächsten Angehörigen die Zustimmung zur Organspende geben, wenn dies dem mutmaßlichen Willen des Verstorbenen entspricht.

Das Gesetz verbietet ausdrücklich den Handel mit menschlichen Organen.

Bedarf an Organspenden

Weltweit herrscht ein erheblicher Mangel an Spenderorganen, so dass sich lange Wartelisten gebildet haben. Die Angaben über die Wartezeiten, insbesondere für eine Spenderniere, variieren; sie sind in den letzten Jahren kontinuierlich gestiegen und betragen heute sechs bis acht Jahre.

Nach einer Studie der Deutschen Stiftung Organtransplantation (DSO), die in den Jahren 2002 bis 2004 durchgeführt wurde, sind die Angehörigen meist nicht bereit, die benötigte Zustimmung zu geben. Die ablehnende Haltung der Angehörigen ist nach Meinung der Stiftung der Hauptgrund dafür, dass die Zahl der potenziellen Spender in Deutschland so niedrig liegt. Es würden bei einer Million Einwohner durchschnittlich 40 Spender benötigt, in Deutschland liegt die Zahl aber nur bei 15.

Organisation der Transplantation

Die bundesweite Koordinierungsstelle für Organspenden ist die vorerwähnte Deutsche Stiftung für Organtransplantation (DSO). Ihre Aufgabe ist die umfassende Förderung von Organspenden und deren Transplantation. Die DSO hat sich zum Ziel gesetzt, jedem Patienten so schnell wie möglich zu einer erforderlichen Transplantation zu verhelfen.

In den deutschen Transplantationszentren werden Wartelisten geführt.

Patienten, bei denen das Risiko einer Transplantation oder ihrer Nachbehandlung zu hoch ist, werden nicht in die Wartelisten aufgenommen. Nach § 16 des Transplantationsgesetzes sind die Ärzte verpflichtet, die Gründe für oder gegen die Aufnahme in die Warteliste zu dokumentieren und dem Patienten mitzuteilen.

Die Transplantationszentren geben die erforderlichen Patientendaten an die Vermittlungsstelle Eurotransplant (ET) in Leiden/Niederlande weiter. Dort werden für jedes Organ gemeinsame Wartelisten der ET-Mitgliedsländer (Niederlande, Belgien, Luxemburg, Österreich, Slowenien und Deutschland) geführt. Die länderübergreifende Kooperation ermöglicht es, in dringenden Fällen so schnell wie möglich ein lebensrettendes Organ zu finden.

Organspende nach dem Tod

Eine Organentnahme darf erst durchgeführt werden, wenn der Tod, und zwar der Hirntod des Spenders, zuvor von zwei unabhängigen erfahrenen Ärzten festgestellt worden ist.

Beim Hirntod ist die Gehirnfunktion vollständig und irreversibel erloschen. Er ist ein sicheres Todeszeichen, auch wenn Kreislauf und Atmung des Verstorbenen für die Organentnahme künstlich erhalten werden.

Gespendet und transplantiert werden Nieren, Leber, Herz, Lunge, Pankreas und Dünndarm, außerdem Gewebe wie die Hornhaut der Augen, Gehörknöchelchen, Herzklappen und Teile der Blutgefäße, der Hirnhaut, des Knochengewebes, des Knorpelgewebes und der Sehnen (Gewebe).

Lebendspende von Organen

Die Bedingungen für die Lebendspende regelt ebenfalls das Transplantationsgesetz. Grundsätzlich vorrangig ist die Organspende nach dem Tod. Zu Lebzeiten ist eine Organspende in Deutschland nur unter Verwandten ersten oder zweiten Grades, unter Ehepartnern, Verlobten und unter Menschen möglich, die sich in besonderer Verbundenheit nahestehen.

Eine unabhängige Gutachterkommission prüft, ob die Spende freiwillig und ohne finanzielle Interessen geschieht. Es muss außerdem sichergestellt sein, dass für den Empfänger zum Zeitpunkt der geplanten Übertagung kein Organ aus einer postmortalen Organspende zur Verfügung steht.

Altersgrenze und Vorerkrankungen

Für eine Organspende gibt es keine feststehende Altersgrenze des Spenders. Entscheidend ist der Zustand der Organe. Dieser hängt jedoch nur bedingt vom kalendarischen

Alter ab. Über die Frage, ob ein Organ transplantiert werden kann, entscheiden medizinische Tests nach dem Tod und letztlich der Arzt, der das Organ transplantiert. Gehörknöchelchen und Augenhornhaut können völlig unabhängig vom Alter transplantiert werden.

Eine Organentnahme wird grundsätzlich ausgeschlossen, wenn beim Verstorbenen eine akute Krebserkrankung oder ein positiver HIV-Befund vorliegt. Bei anderen Erkrankungen entscheiden die Ärzte, ob Organe des Verstorbenen für eine Entnahme in Frage kommen.

Bestattung nach Organspende

Die Familienangehörigen können von einem Verstorbenen auch nach einer Organspende in gewünschter Weise Abschied nehmen. Nach der Entnahmeoperation wird die Operationswunde mit der gebührenden Sorgfalt verschlossen. Der Leichnam kann aufgebahrt werden und die Bestattung wie gewünscht stattfinden.

Registrierung als Organspender

Eine Registrierung von Daten im Zusammenhang mit der Bereitschaft zur Organspende findet nicht statt. Es existiert in Deutschland auch kein Widerspruchsregister, also zur Eintragung der Ablehnung einer Organspende. Jedermann kann sich selbst entscheiden und seine Familie darüber informieren.

Es ist nicht notwendig, sich zuvor ärztlich untersuchen zu

lassen. Die medizinische Eignung der Organe für eine Transplantation wird erst geprüft, nachdem der Tod des Spenders festgestellt ist.

Organspendeausweis

Mit einem Organspendeausweis kann man einer Organentnahme nach dem Tod zustimmen, ihr widersprechen, die Zustimmung auf bestimmte Organe beschränken oder die Entscheidung auf Angehörige oder andere Personen des Vertrauens übertragen. Da die persönlichen Daten nicht registriert werden, kann man seine Entscheidung jederzeit ohne Formalitäten ändern. Man braucht nur einen Ausweis auszufüllen. Wer einen Organspendeausweis bei sich trägt, kann davon ausgehen, dass die eigene Entscheidung berücksichtigt wird. Ein Organspendeausweis ist in Apotheken und Dienststellen des Roten Kreuzes erhältlich. Man kann ihn auch kostenlos bei der Bundeszentrale für gesundheitliche Aufklärung unter http://www.organspende-kampagne.de/ oder unter der kostenlosen Telefonnummer 0800/9040400 anfordern. Im Internet kann der Organspendeausweis heruntergeladen werden unter http://www.akos.de/organspende/ausweis.html.

Körperspende

Einige anatomische und wissenschaftliche Institute (Universitätskliniken) suchen Körper Verstorbener, um an ihnen Medizinstudenten und Ärzte auszubilden oder wissenschaftliche Untersuchungen vorzunehmen. Die Institute übernehmen für die Zurverfügungstellung des Körpers meist einen Teil der entstehenden Bestattungskosten.

Die (Urnen)-Beisetzung findet dann oft auf einem institutseigenen Friedhof im Rahmen einer ökumenischen Feierstunde statt.

Dadurch können den Angehörigen erhebliche Kosten für Leichenschau, Überführung, Leichenhalle und Beisetzung erspart werden.

Nähre Informationen dazu erhält man bei den anatomischen oder pathologischen Instituten der Universitätskliniken.

Muster

Organspende

Ich

Name, Vorname ______________________________

Geburtsdatum, Geburtsort ________________________

____

Straße _____________________________________

PLZ/Ort ____________________________________

Telefon, Telefax, E-Mail ________________________

____

bin mit einer Entnahme

aller Organe

ja   nein

folgender Organe: ____________________________

____

____

zu dem Zweck der Organspende einverstanden, sofern mindestens zwei Ärzte, die nicht mit der Organtransplantation befasst sind, unabhängig voneinander meinen klinischen Tod festgestellt haben.

(Ort, Datum)   *(Unterschrift)*

Anstelle einer solchen Spendenerklärung genügt es, einen Organspendeausweis bei sich zu tragen, der die Erklärung enthält: »Ich bin Organspender« oder »Ich bin kein Organspender« oder »Ich übertrage die Entscheidung über die Organspende nach meinem Tod auf ______________________ (Name und Anschrift)«.

VII. Kombination von Generalvollmacht, Vorsorgevollmacht, Betreuungsverfügung, Patientenbrief und Organspende

Kombinierte Vollmacht der Ehegatten

Jeder Mensch ist berechtigt, aber keineswegs verpflichtet, eine Generalvollmacht, eine Vorsorgevollmacht, eine Betreuungsverfügung und einen Patientenbrief zu verfassen. Diese Vollmachten kann man in vier einzelnen Urkunden erstellen und auch jeweils verschiedene Personen darin benennen.

Es gibt aber auch die rationelle Möglichkeit, alle Vollmachten und Verfügungen in einer Urkunde zusammenzufassen. Das ist einfacher und kostensparend. Diese Zusammenfassung empfiehlt sich insbesondere für Ehegatten, die sich gegenseitig bevollmächtigen, und für Eltern mit ihren erwachsenen Kindern.

Es empfiehlt sich bei dieser kombinierten General- und Vorsorgevollmacht, dass beide Ehegatten ihre Unterschriften notariell beglaubigen lassen und jeder Ehegatte eine Ausfertigung dieser Vollmacht erhält.

Nicht nur Ehegatten, sondern auch nichteheliche Partner oder Freunde können sich auf diese Weise gegenseitig bevollmächtigen.

Wichtiger Hinweis: Eine solche gegenseitige Vollmacht der Ehegatten ist kein Ehegattentestament und sollte auch nicht mit einem solchen kombiniert werden. Beim Ehegattentestament ist zwingende Voraussetzung, dass eine rechtsgültige Ehe besteht und das ganze Testament handschriftlich von den Ehegatten geschrieben oder vom Notar beurkundet wird (eine notarielle Beglaubigung nur der Unterschriften reicht für ein gültiges Testament nicht aus).

Kombinierte Vollmacht für Eltern mit Kindern

Eine kombinierte Ehegattenvollmacht verliert dann ihren praktischen Nutzen, wenn beide Ehegatten gleichzeitig versterben, zum Beispiel bei einem Flugzeugunglück, oder – was häufiger vorkommen wird – wenn beide Ehegatten infolge ihres Alters in einen so schlechten geistigen und körperlichen Zustand geraten, dass keiner für den anderen als Bevollmächtigter tätig sein kann. Es ist deshalb zweckmäßig, eine gleiche oder ähnliche Vollmacht auch den volljährigen Kindern zu erteilen. Man kann eine solche Vollmacht einem oder mehreren Kindern erteilen und zwar zusätzlich zur Ehegattenvollmacht. Die Vollmacht für die Kinder kann eingeschränkt werden und zum Beispiel nur als Vorsorgevollmacht für den Krankheits- und Betreuungsfall erteilt werden. Das hängt von der jeweiligen familiären Situation ab.

Bei kinderlosen Vollmachtgebern kommen auch Neffen und Nichten oder andere Verwandte oder Freunde und Bekannte als Bevollmächtigte in Betracht.

In diesem Zusammenhang muss nochmals darauf hingewiesen werden, dass die Vollmachtserteilung Vertrauenssache ist und dass Vollmachten jederzeit widerrufen werden können.

Es empfiehlt sich bei einer solchen Vollmacht, dass der oder die Bevollmächtigten ebenfalls die Vollmacht unterschreiben – als Zeichen ihres Einverständnisses, dass sie die mit der Vollmacht verbundenen Aufgaben zu gegebener Zeit übernehmen und ausführen werden.

Muster

Kombinierte Ehegattenvollmacht

Wir, die Ehegatten _____________________
(Namen und Anschrift)

I.

erteilen uns gegenseitig Generalvollmacht, dass jeder Ehegatte den anderen in all seinen geschäftlichen, finanziellen und persönlichen Angelegenheiten vertreten darf. Der Bevollmächtigte ist von den Vorschriften des § 181 BGB befreit. Diese Vollmacht gilt über den Tod hinaus. Der Bevollmächtigte ist berechtigt, Untervollmacht zu erteilen.

II.

erteilen uns gegenseitig Vorsorgevollmacht für Gesundheitsvorsorge und eventuelle Pflegebedürftigkeit. Der andere Ehegatte darf jeweils alle Entscheidungen treffen, die für die medizinische Behandlung im Rahmen der Gesundheitssorge erforderlich sind. Wir entbinden alle Ärzte und das nicht ärztliche Personal von ihrer Schweigepflicht.
Der andere Ehegatte darf insbesondere in jede Untersuchung des Gesundheitszustands, in jede Heilbehandlung oder jeden ärztlichen Eingriff einwilligen, selbst wenn die Gefahr besteht, dass dadurch schwerer oder länger dauernder gesundheitlicher Schaden entstehen könnte.

Der andere Ehegatte darf auch über die Unterbringung mit freiheitsentziehender Wirkung oder freiheitsentziehende Maßnahmen entscheiden, soweit das erforderlich erscheint. Der andere Ehegatte darf auch einwilligen, dass lebensverlängernde Maßnahmen unterlassen oder beendet werden.

III. Betreuungsverfügung

Sollte aus zwingenden gesetzlichen Gründen die vorstehende Vorsorgevollmacht nicht ausreichen und eine Betreuung erforderlich werden, bitten wir hiermit das Gericht, jeweils den anderen Ehegatten als Betreuer zu bestellen.

IV. Patientenverfügung

Wir bestimmen und zwar jeder für sich, in vollem Bewusstsein und nach reiflicher Überlegung für den Fall, dass wir infolge Krankheit oder Unfall unsere Angelegenheiten nicht mehr selbst regeln können, Folgendes:

1) Sollten zwei Ärzte festgestellt haben, dass ich mich in einem unaufhaltsamen Sterbeprozess befinde, soll man mir in ausreichendem Maße schmerzlindernde Mittel geben, selbst wenn dadurch der Tod schneller herbeigeführt wird.

2) In allen Fällen voraussichtlicher dauernder Bewusstlosigkeit, schwerer Dauerschädigungen des Gehirns, dauernden Ausfalls lebenswichtiger Funktionen meines Körpers und in allen Fällen, in denen ein Hinausschie-

ben des aufgrund meiner Erkrankung sicheren Todes nur Verlängerung meines Leidens bedeuten würde, wünsche ich keine lebenserhaltenden oder wiederbelebenden ärztlichen Maßnahmen.

Den Wunsch nach einem menschenwürdigen Tod bringe ich hiermit eindringlich zum Ausdruck und bitte, diesen Brief dem behandelnden Arzt zu übergeben.

V. Organspende
Wir möchten kranken Menschen dadurch helfen, dass uns nach unserem Tod Organe/Gewebe zur Transplantation entnommen werden. Wir sind also Organspender.

VI. Schlussbemerkung
Wir sind uns der Tragweite und der Risiken aller vorstehenden Erklärungen bewusst. Wir haben volles Vertrauen zueinander und sind davon überzeugt, dass im Fall der eigenen Verhinderung der andere Ehegatte die richtige Entscheidung treffen wird.

(Datum)
(Unterschrift beider Ehegatten, die zweckmäßigerweise notariell beglaubigt wird)

Kombinierte Vollmacht der Eltern mit ihren Kindern

Wir, die Ehegatten ____________________
(Namen und Anschrift)
erklären hiermit, dass wir uns in gesonderter Urkunde gegenseitig Generalvollmacht, Vorsorgevollmacht erteilt haben. Wir haben in dieser gesonderten Urkunde auch gegenseitig eine Betreuungsverfügung und eine Patientenverfügung verfasst und uns mit einer Organspende einverstanden erklärt.

Wir wollen heute unseren beiden volljährigen Kindern, nämlich
1) ____
(Name und Anschrift)
2) ____
(Name und Anschrift)
ebenfalls eine umfassende Vollmacht erteilen und Vorsorge treffen, dass alle geschäftlichen und persönlichen Angelegenheiten auch dann erledigt werden können, wenn einer von uns oder wir beide ortsabwesend sind oder körperlich oder geistig nicht mehr in der Lage sind, unsere Angelegenheiten selbst zu regeln. Unsere beiden Kinder sollen im gleichen Umfang bevollmächtigt sein, wie wir beide Ehegatten uns bevollmächtigt haben. Unsere Kinder besitzen unser volles Vertrauen. Wir wollen damit für den Fall unserer Handlungsunfähigkeit eine Fremdbestimmung, wie sie das Betreuungsgesetz

durch Betreuer und Vormundschaftsgericht vorsieht, nach Möglichkeit vermeiden.

Jedes unserer beiden Kinder ist für jeden Elternteil allein vertretungsberechtigt. Jedes Kind ist zur Besorgung aller unserer Angelegenheiten ermächtigt, soweit eine Vertretung nach dem Gesetz zulässig ist. Die jeweilige Vollmacht erlischt nicht durch unseren Tod.
Wir wissen, dass wir diese Vollmachten jederzeit widerrufen können und dass dieser Widerruf unmittelbar den Bevollmächtigten gegenüber zu erklären ist. Sollten wir künftig in unserer Geschäftsfähigkeit beschränkt sein oder geschäftsunfähig werden, hat dies auf den Fortbestand der Vollmachten und ihren Umfang keinen Einfluss. Diese Vollmachten werden gerade als Vorsorge für einen solchen Fall erteilt.

Dies vorausgeschickt erklären wir, die unterzeichnenden Ehegatten, Folgendes:

I.
Wir erteilen unseren beiden Kindern, und zwar jedem einzeln, Generalvollmacht, uns in allen geschäftlichen und persönlichen Angelegenheiten zu vertreten.

II.
Wir erteilen unseren Kindern Vorsorgevollmacht für die Gesundheitsvorsorge und eventuelle Pflegebedürftigkeit. Jedes unserer beiden Kinder darf jeweils alle Ent-

scheidungen treffen, die für die medizinische Behandlung im Rahmen der Gesundheitsvorsorge erforderlich sind. Wir entbinden alle Ärzte und das nicht ärztliche Personal von ihrer Schweigepflicht.

Jedes unserer Kinder darf insbesondere in jede Untersuchung unseres Gesundheitszustands, in jede Heilbehandlung und in jeden ärztlichen Eingriff einwilligen, selbst wenn die Gefahr besteht, dass dadurch schwerer oder längerer gesundheitlicher Schaden entstehen könnte.

Jedes unserer Kinder darf auch über unsere Unterbringung mit freiheitsentziehender Wirkung oder freiheitsentziehende Maßnahmen entscheiden, soweit das zu unserem Wohl erforderlich erscheint. Jedes unserer Kinder darf auch einwilligen, dass lebensverlängernde Maßnahmen unterlassen oder beendet werden.

III.

Sollte aus zwingenden gesetzlichen Gründen die vorstehende Vorsorgevollmacht nicht ausreichen und eine Betreuung erforderlich werden, bitten wir hiermit das Gericht, jeweils eines unserer Kinder als Betreuer zu bestellen.

IV.

Wir, die Ehegatten, haben jeweils eine Betreuungsverfügung verfasst mit dem Wunsch auf einen menschenwürdigen Tod.

Nach dieser Patientenverfügung bitten wir darum, dass

uns in einem unaufhaltsamen Sterbeprozess in ausreichendem Maße schmerzlindernde Mittel gegeben werden, selbst wenn dadurch der Tod schneller herbeigeführt wird.
In allen Fällen voraussichtlicher dauernder Bewusstlosigkeit, schwerer Dauerschädigungen des Gehirns, dauernden Ausfalls lebenswichtiger Funktionen unserer Körper und in allen Fällen, in denen ein Hinausschieben des aufgrund unserer Erkrankung sicheren Todes nur Verlängerung unseres Leidens bedeuten würde, wünschen wir keine lebenserhaltenden oder wiederbelebenden ärztlichen Maßnahmen.
Wir bitten unsere Kinder dafür zu sorgen, dass unsere in unserer Betreuungsverfügung niedergelegten Wünsche erfüllt werden.

V.
Wir haben bestimmt, dass unsere Organe zur Transplantation verwendet werden dürfen.

(Datum)
(Unterschriften beider Ehegatten, zweckmäßigerweise mit notarieller Beglaubigung)

Es empfiehlt sich, dass die Kinder als Zeichen ihres Einverständnisses diese Vollmachtsurkunde ebenfalls unterschreiben.

VIII. Freie Gestaltung der Vollmachten und Verfügungen, Beglaubigung, Beurkundung und Kosten

Vorbemerkung

Alle schriftlichen Vollmachten und Verfügungen sind so genannte Privaturkunden. Für diese Privaturkunden gibt es keine Formvorschriften. Jede volljährige und geschäftsfähige Person kann solche Urkunden nach ihrem Belieben ausstellen, so wie er es für richtig hält. Das bedeutet, dass die Texte für eine Vollmacht, also für Einzel-, General- oder Vorsorgevollmachten, völlig frei gestaltet werden können.

Den Begriff »Verfügung«, der in diesem Zusammenhang immer wieder auftaucht, gebrauchen die Juristen für eine Anweisung. Die Betreuungsverfügung ist demnach eine Anweisung oder Bitte an das Amtsgericht, eine Betreuung einzurichten und einen bestimmten Betreuer zu beauftragen. Das Gericht (Vormundschaftsgericht) erlässt dann einen Beschluss, benennt einen Betreuer und bestimmt, welche Aufgaben dieser Betreuer hat.

Die Patientenverfügung ist eine Anweisung an den behandelnden Arzt und die nächsten Angehörigen, wie man im Sterbeprozess medizinisch behandelt werden möchte, insbesondere ob lebensverlängernde Maßnahmen durchgeführt werden sollen oder nicht.

Schließlich gibt es noch die Organverfügung, die bestimmt, ob nach dem Tod des Menschen seine Organe entnommen und transplantiert werden dürfen oder nicht.

Wir kennen außerdem noch die Bestattungsverfügung als Anweisung an die nächsten Angehörigen oder das Bestattungsinstitut, wie die Bestattung durchgeführt weden soll. Mehr zum Thema Bestattungsverfügung finden Sie in Kapitel XII (Seite 144 ff.).

All diese Vollmachten und Verfügungen könnten theoretisch auch mündlich abgegeben werden, aber das brächte erhebliche Beweisschwierigkeiten mit sich, so dass eine schriftliche Niederlegung der Vollmachten und Anweisungen dringend erforderlich ist.

Die schriftlichen Privaturkunden können mit Schreibmaschine oder Computer, mit Bleistift, Füllfederhalter oder Kugelschreiber geschrieben werden. Das Schreibgerät ist völlig gleichgültig und hat auf die Wirksamkeit der Urkunde keinen Einfluss.

Nur beim Testament muss der Erblasser alles handschriftlich verfassen. Werden für das Testament mechanische Schreibhilfen, wie Schreibmaschine oder Computer, benutzt, muss das Testament hinterher notariell beurkundet werden.

Eine solche formfreie Urkunde genügt nicht Grundbuchsachen. Das Grundbuchamt verlangt stets die notarielle Beglaubigung der Unterschrift (Grundstücksverträge müssen sogar notariell beurkundet sein). Viele Behörden verlangen ebenfalls beglaubigte Unterschriften. Diese von Seiten der Behörde geforderten Unterschriften werden meist von diesen selbst geprüft und für den internen Behördenverkehr beglaubigt. Ebenso verlangen Banken und Sparkassen, dass die Unterschriften vorher von ihnen geprüft sind.

Öffentliche (notarielle) Beglaubigung

Das Beglaubigungsverfahren ist im Beurkundungsgesetz geregelt. Zuständig für diese Beglaubigungen sind in Deutschland die Notare (auch Rechtsanwälte, die gleichzeitig als Notare tätig sind); im Ausland sind die deutschen Konsulate zuständig.

Falls das Gesetz eine Beglaubigung der Unterschrift vorschreibt – wie zum Beispiel beim Grundbuchamt –, muss also die Beglaubigung von einem Notar vorgenommen werden. Eine Beglaubigung der Unterschrift durch eine Verwaltungs- oder Kirchenbehörde oder die Polizei genügt für das Grundbuchamt nicht. Die Beglaubigung bezieht sich nur auf die Echtheit der Unterschrift oder des Handzeichens, nicht dagegen auf den Inhalt der Erklärung.

Außer der Unterschrift kann man auch eine Abschrift (Kopie) notariell beglaubigen lassen. Diese Beglaubigung bedeutet, dass die Abschrift mit der Urschrift (Original) übereinstimmt.

Notarielle Beurkundung

Die Beurkundung geht über die Beglaubigung hinaus. Während bei der Beglaubigung vom Notar lediglich die Echtheit der Unterschrift bestätigt wird, wird bei der Beurkundung der gesamte Text vom Notar bestätigt. In der beurkundeten Erklärung wird bezeugt, dass die Beteiligten an einem bestimmten Tag vor dem Notar erschienen sind, die in der Urkunde niedergelegte Erklärung abgegeben haben, ihnen der Inhalt vorgelesen wurde und sie diesen Inhalt durch ihre Unterschrift genehmigt haben. Über die notarielle Verhandlung wird ein Protokoll aufgenommen. Die notarielle Beurkundung ersetzt jede andere Form. Die notarielle Beurkundung ist erforderlich bei Grundstücksverträgen, bei Testamenten, soweit das Testament nicht handschriftlich verfasst ist, und bei Erb- und Eheverträgen.

Kosten von Beglaubigung und Beurkundung

Die Notare sind gesetzlich verpflichtet, für ihre Tätigkeit Gebühren nach der Kostenordnung zu berechnen. Die Höhe der Gebühren richtet sich nach dem Geschäftswert des Rechtsverhältnisses, das zu beurkunden ist. Zu den gesetzlichen Gebühren des Notars kommen Auslagen und Mehrwertsteuer (wenn das Gericht diese Gebühren anfordert, wird keine Mehrwertsteuer erhoben). Nach der Kostenordnung berechnet der Notar folgende Gebühren:

- für die Beglaubigung der Unterschrift: 1/4 (0,25) Gebühr der Kostenverordnung, höchstens jedoch 130,– Euro
- für Beurkundung oder Widerruf einer Vollmacht: 1/2 (0,50) Gebühr

- für Beurkundung einseitiger Erklärung: 1 volle Gebühr
- für die Beurkundung von Verträgen: 2 volle Gebühren

Auszüge aus der amtlichen Kostentabelle

Werte bis	**Gebühren in Euro**			
in Euro	**0,25**	**0,5**	**1,0**	**2,0**
1.000	10,00	10,00	10,00	20,00
5.000	10,50	21,00	42,00	84,00
11.000	13,50	27,00	54,00	108,00
20.000	18,00	36,00	72,00	144,00
100.000	51,75	103,50	207,00	414,00
200.000	89,25	178,50	357,00	714,00
500.000	201,75	403,50	807,00	1.614,00
750.000	295,50	591,00	1.182,00	2.364,00
1.000.000	389,25	778,50	1.557,00	3.114,00

IX. Vorsorge für den Pflegefall

Vorsorge durch Bank- und Sparguthaben

Alle Menschen wollen älter werden, aber keiner krank und pflegebedürftig. Leider lässt sich dieses Schicksal nicht immer verhindern. In einem solchen Fall ist es gut, wenn genügend Geld für die Pflege vorhanden ist.

In einer vom Deutschen Institut für Menschenrechte (DIMR) Mitte des Jahres 2006 veröffentlichten Studie sind viele Defizite bei der Altenpflege in Heimen aufgeführt worden. Danach sind fast die Hälfte der 600.000 Bewohner von Pflegeheimen »mangelhaft ernährt und nicht ausreichend mit Flüssigkeit versorgt«, sie bekommen also nicht genug zu essen und zu trinken. Bei 43 Prozent der untersuchten Patienten stellte man Defizite bei der Vorbeugung gegen Dekubitus fest. Das sind Druckgeschwüre, die durch zu langes bewegungsloses Liegen verursacht werden. Die Patienten würden vielfach nicht rechtzeitig umgelagert. Es höre sich beinahe nebensächlich an, bedeute aber für die Patienten eine schlimme und unnötige Tortur. Häufigere Hilfeleistungen würden Geschwüre auf einfachste Weise verhindern.

Es ist für die Heime schwierig, genügend Personal zu bekommen, man nimmt daher immer mehr ungelernte Kräfte, auch aus dem Ausland. Die alten Leute, insbesondere die Demenzkranken, die sowieso Sprachschwierigkeiten haben, können sich mit ausländischem Pflegepersonal schlecht verständigen.

Das Niveau der Pflege in vielen Heimen entspricht oft nicht den Vorstellungen der Angehörigen. Häufige Besuche der Angehörigen und kleine Zuwendungen an das Pflegepersonal können den Senioren das Leben in einem Pflegeheim sehr erleichtern. Deshalb ist es gut, wenn etwas Geld zur Verfügung steht, welches die Angehörigen für die Pflege auszugeben bereit sind.

Vorsorge durch private Pflegeversicherung

Seit 1995 müssen alle krankenversicherten Personen, ob gesetzlich oder privat versichert, in die gesetzliche Pflegeversicherung einzahlen. Doch wer tatsächlich pflegebedürftig wird, kommt mit dem Geld aus dieser Versicherung nicht weit. Ein Heimplatz kostet schnell 3.000 Euro im Monat und mehr.

Die gesetzliche Pflegekasse übernimmt in der Pflegestufe III, also der höchsten Pflegestufe, maximal 1.432 Euro im Monat. Der Restbetrag muss aus eigener Tasche finanziert werden. Zur Not springt das Sozialamt ein oder die nahen Angehörigen.

Wer seinen Kindern nicht zur Last fallen und sich trotz Pflegebedürftigkeit das eine oder andere Extra leisten oder selbst bestimmen möchte, wo er gepflegt wird, sollte eine private Pflegezusatzversicherung abschließen. Dabei haben die Versicherten grundsätzlich die Wahl zwischen einem Pflegetagegeld und einer allgemeinen Pflegekostenerstattung.

Pflegetagegeld

Beim Pflegetagegeld wird ein fester Tagessatz ausgezahlt, der sich nach der Pflegestufe richtet. Das ist eine besonders flexible Lösung, denn der Versicherte kann selbst entscheiden, wofür er das Geld ausgeben und wie er seine Pflege organisieren möchte.

Er kann also in der eigenen Wohnung gepflegt werden, in einem Heim oder in einer Senioren-Wohngemeinschaft. Die Kosten müssen auch nicht nachgewiesen werden. Er kann sich von Angehörigen pflegen lassen oder von professionellen Pflegediensten.

Pflegekostenerstattung

Die Erstattungstarife sind nicht so flexibel. Bei ihnen werden die Pflegekosten nach Abzug der gesetzlichen Leistung erstattet. Dem Versicherten werden in einem bestimmten Umfang lediglich die Kosten erstattet, die er tatsächlich für seine Pflege ausgegeben hat. Zudem müssen die nachgewiesenen Pflegekosten den Sätzen im Katalog der gesetzlichen Pflegeversicherung entsprechen.

Wer sich also im Alter von den Angehörigen zu Hause pflegen lässt, erhält aus dieser Versicherung deutlich weniger oder sogar gar kein Geld.

Billigofferten

Derartige private Pflegeversicherungen bieten viele private Krankenkassen an, man sollte die Tarife der verschiedenen Gesellschaften genau prüfen. Es gibt schon Versicherungen für zehn Euro im Monat. Allerdings sind die Leistungen dann entsprechend eingeschränkt. Bei vielen Billigtarifen wird lediglich ab Pflegestufe III gezahlt, aber in diese Pflegestufe sind nur drei Prozent aller Pflegepersonen eingestuft. Man sollte also eine Versicherung wählen, die mit Pflegestufe I beginnt, und lieber eine etwas höhere Prämie bezahlen.

Früher Abschluss

Die Tarife der Pflegeversicherungen steigen mit zunehmendem Eintrittsalter an. Je älter der Versicherungsnehmer bei Abschluss ist, umso höher sind die zu zahlenden Beiträge. Empfohlen wird, eine Pflegeversicherung schon im Alter von 30 oder 40 Jahren abzuschließen. So müssen Männer Anfang 40 für eine günstige Vorsorgeversicherung etwa 20 Euro im Monat anlegen, bei Frauen liegt die monatliche Prämie bei 30 Euro. Wird der Vertrag hingegen erst im Alter von 50 Jahren abgeschlossen, werden 40 beziehungsweise 50 Euro für eine günstige Police fällig.

Die Versicherungsgesellschaften haben die Möglichkeit, Zuschläge für Vorerkrankungen zu verlangen oder die Versicherung überhaupt abzulehnen. Je älter der Versicherungsnehmer bei Abschluss ist, umso größer ist das Risiko von Vorerkrankungen. Bei Antragstellung müssen die Gesundheitsfragen ehrlich beantwortet werden, sonst riskiert man seinen Versicherungsschutz. Das Höchstalter für den Abschluss einer Vorsorgeversicherung für den Pflegefall liegt bei 69 Jahren.

Es ist außerdem darauf zu achten, dass der Versicherungsschutz eine gewisse Dynamik zulässt und zwar eine Anpassung an gestiegene Preise ohne erneute Gesundheitsprüfung.

Schließlich ist noch zu bedenken, dass viele Versicherungsgesellschaften sich das Recht vorbehalten, in den ersten drei Vertragsjahren den Versicherungsschutz ordentlich zu kündigen. Es gibt aber auch Gesellschaften, die auf dieses Kündigungsrecht verzichten.

Der Abschluss einer solchen privaten Pflegezusatzversicherung ist generell schon in relativ jungen Jahren zu überlegen.

Leistungen der gesetzlichen und privaten Pflegeversicherungen

Die privaten Pflegeversicherungen zahlen Pflegetagegeld monatlich	
in der Pflegestufe I (erheblich pflegebedürftig) bis	720,00 EUR
in der Pflegestufe II (schwer pflegebedürftig) bis	1.260,00 EUR
in der Pflegestufe III (schwerst pflegebedürftig) bis	1.800,00 EUR

Dies sind die Höchstbeträge, die Leistungen der verschiedenen Krankenversicherungsgesellschaften sind unterschiedlich.

Hinzu kommen die Leistungen der gesetzlichen Pflegeversicherung. Dabei wird unterschieden zwischen häuslicher Pflege, teilstationärer Pflege und vollstationärer Pflege.

Die monatlichen Leistungen der gesetzlichen Rentenversicherung betragen:

Bei häuslicher Pflege	
In der Pflegestufe I	384,00 EUR
In der Pflegestufe II	921,00 EUR
In der Pflegestufe III	1.432,00 EUR
(In Härtefällen bis	1.918,00 EUR)

Bei vollstationärer Pflege	
In der Pflegestufe I	1.023,00 EUR
In der Pflegestufe II	1.279,00 EUR
In der Pflegestufe III	1.432,00 EUR
(In Härtefällen bis	1.688,00 EUR)

Hinzu kommen die Aufwendungen für technische Hilfsmittel (90 Prozent der Kosten) und Maßnahmen zur Verbesserung des Wohnumfelds, maximal 2.750 Euro.

Vorsorge mit finanzieller Hilfe der Kinder

Oft reicht das eigene Vermögen nicht aus, um die erforderlichen Pflegeleistungen zu finanzieren. In Notfällen springt das Sozialamt ein, aber die Sozialämter sind in verstärktem Umfang bemüht, die Kosten von den nahen Angehörigen wieder zurückzuholen.

Nach §1601 BGB sind die Verwandten »in gerader Linie« zum Unterhalt verpflichtet, also in diesem Fall die Kinder für ihre Eltern. Es ist von Alters her selbstverständlich, dass die Eltern ihre Kinder finanziell unterstützen müssen, jedoch können sich die Kinder schlecht daran gewöhnen, dass sie in Notfällen auch für ihre Eltern zahlen müssen. Es hat deswegen schon viele erbitterte Rechtsstreite gegeben.

Der Bundesgerichtshof hat jetzt in mehreren Entscheidungen darauf hingewiesen, dass die Kinder beim Elternunterhalt nicht überfordert werden dürfen.

Als grobe Leitlinie gilt Folgendes:

Die Sozialämter gestatten dem Unterhaltspflichtigen einen

pauschalen Selbstbehalt von 1.250 Euro inklusive 440 Euro Miete und Nebenkosten (Ehepaare 770 Euro Miete und Nebenkosten).

Für den Ehepartner wird ein Freibetrag von 950 Euro angerechnet. Die Freibeträge für die Kinder richten sich nach der Düsseldorfer Tabelle.

Was darüber hinausgeht, kann für den Unterhalt der Eltern herangezogen werden. Es darf jedoch nicht mehr als die Hälfte des – nach Abzug regelmäßiger Verpflichtungen – verbleibenden Einkommens des Kindes sein.

Zu den regelmäßigen Verpflichtungen gehören zum Beispiel die zusätzlichen Beträge für die eigene Altersvorsorge.

Vorsorge mittels Grundbesitz

Vorbemerkung

Haus- und Grundbesitz ist, so meinte man jedenfalls früher, die beste und sicherste Kapitalanlage und damit auch die beste Sicherheit für das Alter.

Grundbesitz ist nicht von Währungsschwankungen oder Inflationen bedroht, ist fest im Boden verankert und kann nicht irgendwo in dunklen Kanälen verschwinden. Man kann ihn jederzeit selbst besichtigen und sich seines Eigentums erfreuen.

Grundbesitz kann aber auch eine große Last sein, wenn man sein Haus nicht mehr selbst bewohnen kann, weil man alt, krank oder ohne Hilfe ist, oder durch die Umstände an einen anderen, weit entfernten Ort verschlagen wird.

Grundbesitz, insbesondere Wohneigentum, erfordert ständige Instandhaltung. Wenn man seinen Grundbesitz nicht mehr gut vermieten oder verpachten kann, können die Reparaturen und finanziellen Lasten den Eigentümer stark beanspruchen. In den letzten Jahren ist in Deutschland eine Entwicklung eingetreten, die man in den Zeiten nach dem Zweiten Weltkrieg nicht für möglich gehalten hätte: Von einigen Ballungsgebieten abgesehen sind Wohnungen nur noch schlecht zu vermieten und Häuser nur unter Preis zu verkaufen. Der Wohnungsmarkt ist überschwemmt mit Angeboten. Ein Hausbesitzer muss froh sein, wenn er für das angebotene Objekt noch einen einigermaßen annehmbaren Preis erzielen kann.

Notarielle Verträge

Grundstücksverträge müssen in Deutschland von einem Notar beurkundet werden. Mündliche oder schriftliche Verträge, auch solche mit notariell beglaubigten Unterschriften, reichen hierfür nicht aus.

Anders ist es mit Mietverträgen, sie können mündlich oder schriftlich abgeschlossen werden, aber Kauf und Verkauf von Grundstücken und die Eintragung von Belastungen bedürfen der notariellen Beurkundung.

Man muss also für Grundstücksangelegenheiten einen Notar aufsuchen und kann sich von ihm beraten lassen. Der Notar wird einen entsprechenden Vertrag entwerfen, den man mit ihm erörtern und gegebenenfalls zusätzlich noch mit seinem Steuerberater besprechen sollte. Erst dann wird der Grundstücksvertrag beurkundet und damit wirksam.

Aus diesem Grund werden für Grundstücksgeschäfte nachstehend keine Muster vorgeschlagen – das würde sich jeder Notar verbitten –, sondern nur Anregungen gegeben und Überlegungen angestellt, wie man seinen Grundbesitz am besten verwerten kann.

Grundstücksschenkung

Der Mensch ist frei, solange er lebt, und kann seinen Besitz, auch seinen Grundbesitz, jederzeit verschenken.

Man sollte aber auch bedenken, dass man selbst in Not kommen und den Grundbesitz deshalb noch benötigen könnte, wie das Sprichwort ausdrückt: »Man soll nichts verschenken, bevor man nicht das letzte Hemd anhat.«

Das Verschenken von Grundbesitz ist, wie das Verschenken anderer Wertgegenstände, schenkungs- und erbschaftssteuerpflichtig. Die Schenkungs- und Erbschaftssteuer ist dieselbe Steuer, es gelten dieselben Freibeträge.

Wird ein Grundstück verschenkt, dann kann der Beschenkte – wie auch ein Erbe – den ihm zustehenden Freibetrag steuermäßigend geltend machen. Denselben Freibetrag kann er nach zehn Jahren noch einmal ausnutzen.

Beispiel:
Der überlebende Ehegatte hat einen Freibetrag von 307.000 Euro und jedes Kind des Erblassers einen Freibetrag von 205.000 Euro. Im Rahmen dieser Freibeträge könnte der Grundbesitzer seiner Frau und seinen Kindern Grundbesitz schenken, ohne dass dafür Schenkungs- und Erbschaftssteuer gezahlt werden müsste. Dasselbe kann der Grundbesitzer zehn Jahre später – wenn er es erlebt – wiederholen und auf diese Weise seinen Schlusserben viel Erbschaftssteuer sparen.

Grundstücksschenkung mit Nießbrauchvorbehalt

Die Schenkung eines Grundstücks hat für den Schenker den Nachteil, dass er das Geschenk grundsätzlich – von extremen Ausnahmefällen abgesehen – nicht mehr zurückfordern kann. Es gibt zwar im Gesetz Bestimmungen über den Notbedarf der Schenkung, aber solche Rückforderungen führen fast immer zu bösen Prozessen mit den Angehörigen.

Besser ist deshalb die Lösung, das Grundstück zu verschenken, aber sich selbst einen lebenslänglichen unentgeltlichen Nießbrauch bis zum Tod vorzubehalten. Dann kann das Grundstück so genutzt werden, als sei man noch Eigentümer, obwohl man das Eigentum an seine Frau oder seine Kinder verschenkt hat.

Der Nießbrauch lässt sich im Grundbuch eintragen, so dass der Schenker geschützt ist. Er ist auch insofern eine gute Lösung, als der Beschenkte durch die Schenkung sicher sein kann, dass ihm das Grundstück eines Tages unbelastet zufallen wird und es ihm von keinem Miterben weggenommen werden kann.

Man kann bei einer Schenkung auch eine Rentenzahlung oder eine Pflegeverpflichtung ins Grundbuch eintragen lassen, zum Beispiel dass die Tochter verpflichtet wird, ihren Vater bei Krankheit zu pflegen.

In einem solchen Fall kann es natürlich später Probleme geben, wenn die Tochter zur Pflegeleistung nicht bereit oder in der Lage ist.

Im Übrigen ist diese Art der Grundstücksschenkung eine steuerlich günstige Variante, die man im Einzelnen mit seinem Steuerberater besprechen sollte.

Schließlich gibt es noch eine andere Lösung. Der Grundstückseigentümer verkauft sein Grundstück zu einem angemessenen, aber stark reduzierten Preis an eines seiner Kinder oder eine dritte Person mit dem Recht, in diesem Haus noch eine bestimmte Zeitdauer oder bis zu seinem Tod unentgeltlich wohnen zu dürfen. Es muss dann nur geregelt werden, wer in dieser Zeit die städtischen Gebühren und sonstigen Nebenkosten zu bezahlen hat. Bei einem solchen (Teil-) Verkauf bekommt der Verkäufer sofort eine bestimmte Geldsumme zu seiner Verfügung und kann trotzdem noch in seinem Haus wohnen bleiben.

Vorsorge durch Lebensversicherungen

Eine besondere und allgemein bekannte Art der Absicherung für Alter und Tod ist die Lebensversicherung.

Es gibt viele Arten von Lebensversicherungen, zum Beispiel Kapital- und Rentenversicherungen, auf den Todes- und Erlebensfall. Immer wird das Leben einer bestimmten Person, meistens des Versicherungsnehmers, versichert; man kann auch mit Zustimmung einer anderen Person deren Leben versichern. Im Fall des Todes der versicherten Person ist die Versicherungsgesellschaft unverzüglich zu verständigen und der Versicherungsgesellschaft der Versicherungsschein, die amtliche Sterbeurkunde und ein ärztliches Zeugnis über die Todesursache einzureichen.

Das Besondere an einer Lebensversicherung ist, dass die Kapital- und Rentenversicherung nicht in den Nachlass des Verstorbenen fällt, sondern dem bezugsberechtigten Dritten als unmittelbar Begünstigtem zukommt. Dieser ist aber – wie jeder Erbe – erbschaftssteuerpflichtig.

Die Bezugsberechtigung kann widerruflich oder unwiderruflich ausgestaltet werden. Das muss mit der jeweiligen Versicherungsgesellschaft vereinbart werden.

Nur wenn in der Lebensversicherung kein Bezugsberechtigter genannt ist, dann fällt die Versicherungssumme in den Nachlass und steht den Erben zu. Der oder die Erben müssen sich der Versicherungsgesellschaft gegenüber grundsätzlich durch einen Erbschein ausweisen.

Die meisten Versicherungsgesellschaften bieten auch Versicherungen an, die speziell für die Bestattungskosten abgeschlossen werden. Durch diese Vorsorge können die Versicherungsnehmer sicherstellen, dass ihre Angehörigen nicht durch die teilweise hohen Bestattungskosten belastet werden (siehe »Bestattungsvorsorge«, Seite 144 ff.).

Selbstmord

Bei einer Versicherung auf den Todesfall ist die Versicherung von der Verpflichtung zur Leistung frei, wenn die versicherte Person Selbstmord begangen hat. Die Verpflichtung der Gesellschaft bleibt aber bestehen, »wenn die Tat in einem die freie Willensbestimmung ausschließenden Zustand krankhafter Störung der Geistestätigkeit begangen worden ist«. Dabei ist unerheblich, ob eine echte Geisteskrankheit oder nur eine Bewusstseinsstörung zur Tatzeit vorlag.

X. Verschenken und Vererben

Vorbemerkung

Es gibt ein Sprichwort: »Wer mit warmer Hand gibt, gibt doppelt.«

Es ist vielen Menschen ein Bedürfnis, ihren Angehörigen und Freunden zu Lebzeiten eine materielle Freude zu bereiten. Den nächsten Angehörigen etwas zu schenken, ist viel schöner, als es ihnen eines Tages vererben zu müssen. Niemand weiß mit Sicherheit, ob sein Nachlass den Erben wirklich so zufällt, wie man sich das gewünscht und vorgestellt hat. Deshalb ist eine Schenkung zu Lebzeiten eigentlich besser.

Sie kann auch steuerliche Vorteile haben. Zwar entfällt auf Schenkungen dieselbe Erbschaftssteuer – sie heißt deshalb auch Schenkungs- und Erbschaftssteuer –, aber die steuerlichen Freibeträge können alle zehn Jahre neu genutzt werden.

Man sollte aber bei jeder Schenkung darauf achten, selbst noch ausreichend Vermögen für den Lebensabend vorzuhalten.

Es hat sich leider oft gezeigt, dass großzügige Eltern zu Lebzeiten viel verschenkt haben und nachher selbst bedürftig geworden sind. Es gibt zwar nach dem Gesetz die Möglichkeit der Rückforderung wegen Notbedarfs oder wegen groben Undanks des Beschenkten, aber solche Fälle führen meistens zu sehr unerfreulichen und vor allem langwierigen Prozessen und zur Zerstörung des Familienzusammenhalts.

Schenkungen

Solange der Mensch lebt und voll geschäftsfähig ist, kann er mit seinem Vermögen tun und lassen, was er will. Es gibt keine gesetzliche Vorschrift, die gebietet, dass man zugunsten seiner Erben sparen müsse. Deshalb ist auch niemand gehindert, sein Vermögen zu Lebzeiten zu verschenken.

Viele Menschen verschenken ihr Vermögen nur aus dem Grund an andere Leute, weil sie ihren nächsten Angehörigen nichts oder nur wenig zukommen lassen wollen. Für Letztere gibt es dann bei der gesetzlichen Erbfolge nur den Pflichtteilsanspruch.

Andere verschenken ihr Vermögen, um ihren Angehörigen die Erbschaftssteuer zu ersparen.

Die kleinen Schenkungen unter Lebenden, die so genannten Handschenkungen, spielen in diesem Zusammenhang keine Rolle. Anders ist es mit den größeren Schenkungen, also der schenkweisen Übertragung des elterlichen Hausgrundstücks oder der Übertragung zum Beispiel eines Aktiendepots.

Eine Schenkung ist die unentgeltliche Zuwendung an eine andere Person. Ein Schenkungsversprechen bedarf der notariellen Beurkundung. Ist die versprochene Schenkung aber vollzogen, bedarf es keiner notariellen Beurkundung mehr. Wir müssen deshalb unterscheiden zwischen den vollzogenen

Schenkungen und den versprochenen Schenkungen, die der notariellen Beurkundung bedürfen.

Bei den vollzogenen Schenkungen geht der verschenkte Gegenstand sofort in das Eigentum des Beschenkten über. Der Schenker hat damit keinen Einfluss mehr auf den verschenkten Gegenstand. Eine Rückforderung kommt nur dann in Betracht, wenn der Beschenkte groben Undank zeigt oder der Schenker selbst in Not gerät. Dann besteht gegebenenfalls ein Rückforderungsanspruch, aber ein solcher lässt sich meist nur im Prozesswege durchsetzen, und die Aussichten eines solchen Prozesses sind vage.

Anders ist das bei Schenkungsversprechen, wenn zum Beispiel die Großmutter ihrem Enkel verspricht, ihm nach bestandenem Abitur oder bei Volljährigkeit 10.000 Euro zu schenken.

Ein solches Schenkungsversprechen bedürfte also der notariellen Beurkundung. Im vorstehenden Fall müsste also die Großmutter mit ihrem Enkel zum Notar gehen und einen entsprechenden Vertrag aufsetzen lassen. Dies ist eine umständliche und kostspielige Lösung, die in der Praxis so kaum durchgeführt wird.

Bei einem Schenkungsversprechen gibt es noch ein Problem, nämlich dass der Schenker wie selbstverständlich davon ausgeht, dass der Beschenkte ihn überleben wird.

Es gibt aber leider Fälle, in denen derjenige, dem die Schenkung versprochen ist, vor dem Schenker verstirbt. In einem notariellen Schenkungsvertrag müsste auch dieser mögliche Fall bedacht und geregelt werden.

Es gibt aber eine ganz einfache Lösung der gesamten Problematik: Man schließt mit der Bank oder Sparkasse einen Vertrag zugunsten Dritter ab.

Vertrag zugunsten Dritter

In dem vorstehenden Fall, dass die Großmutter dem Enkel zum bestandenen Abitur oder aus einem anderen Grund 10.000 Euro schenken will, könnte sie mit ihrer Bank oder Sparkasse einen Vertrag zugunsten ihres Enkels abschließen.

Die Banken und Sparkassen haben für diese Fälle vorgedruckte Formulare.

Obwohl diese Art der Übertragung von Vermögensbeträgen zugunsten einer bestimmten Person – außerhalb des eigentlichen Erb- und Schenkungsrechts – durchaus gebräuchlich ist, kann es auch bei einer solchen Regelung Probleme geben, nämlich dann, wenn die Übertragung zugunsten Dritter auf den Todesfall des Schenkers abgestellt ist. Es könnte zu Erbschaftsstreitigkeiten kommen, wenn die Erben mit diesem Vertrag zugunsten Dritter – im vorliegenden Fall zugunsten des Enkels – nicht einverstanden sind. Denn dann ergibt sich die Frage, ob der Erbe oder die Erbengemeinschaft eine solche Verfügung zugunsten einer bestimmten Person widerrufen kann. In der Praxis erkennen jedoch die Erben eine solche Verfügung – von Extremfällen abgesehen – meist an.

Nach Meinung des Verfassers ist diese Lösung durch einen Vertrag zugunsten Dritter die beste und sicherste Lösung, wenn etwa die Großeltern einem ihrer Enkel oder einer anderen Person ein »Extra« zukommen lassen wollen.

Im Übrigen muss darauf hingewiesen werden, dass auch solche Verfügungen zugunsten Dritter schenkungs- und erbschaftssteuerpflichtig sind.

Testamentarische und gesetzliche Erbfolge

Wer an die Regelung der letzten Dinge denkt, befasst sich meist zuerst damit, ob er ein Testament aufsetzen und wen er als Erben einsetzen soll. Dieses ganze Rechtsgebiet ist ein weites Feld und ein so großer und umfassender Komplex, dass er in diesem Ratgeber nicht ausführlich dargestellt werden kann.

Insoweit wird auf die beiden Handbücher des Verfassers verwiesen, die ebenfalls bei Mosaik im Goldmann Verlag erschienen sind mit den Titeln *Handbuch Testament und Erbschaft (Erbfolge und Erbschaftssteuer)* und *Mustertestamente (mit Erläuterungen)*.

Kurzinformationen über das Erbrecht

Jeder Mensch, der stirbt – ob er viel, wenig, nichts oder nur Schulden hinterlässt –, kann einen oder mehrere Erben bestimmen. Der Erbe kann die Erbschaft ausschlagen, insbesondere wenn sie überschuldet ist.

Der Erblasser ist in seiner Entscheidung, wer erben soll, völlig frei, und die Nachkommen müssen die Entscheidung des Erblassers akzeptieren. Es gibt nur eine Einschränkung der freien Bestimmung des Erblassers über sein Vermögen, dass nämlich seine nahen Angehörigen, wenn sie nicht oder zu gering bedacht sind, den Pflichtteil fordern können.

Eine weitere und fast selbstverständliche Einschränkung liegt darin, dass der Staat für jeden größeren Schenkungs- und Erbfall Steuern vereinnahmt.

Der Erblasser kann seine Nachlassregelung in Form eines handschriftlichen Testaments oder eines vom Notar beurkundeten Testaments oder in einem Erbvertrag niederlegen. Niemand ist aber verpflichtet, ein Testament zu errichten. Wird kein Testament errichtet, tritt nach dem Tod die gesetzliche Erbfolge ein.

Gesetzliche Erbfolge

Wenn der Erblasser kein Testament errichtet hat, tritt die gesetzliche Erbfolge ein, und zwar sofort im Todeszeitpunkt, auch wenn die Erben erst zu einem späteren Zeitpunkt ermittelt oder festgestellt werden.

Erbfolge

Bei der gesetzlichen Erbfolge erben nur die Blutsverwandten – außer dem Ehegatten und Adoptivkindern. Verschwägerte oder fremde Personen erben bei der gesetzlichen Erbfolge nichts. Wenn keine blutsverwandten Angehörigen festgestellt werden, erbt letztlich der Staat.

Die blutsverwandten Angehörigen sind eingeteilt nach Ordnungen, und zwar kommt die 1. Ordnung vor der 2. Ordnung. Die Erben der 1. Ordnung schließen die Erben der 2. Ordnung völlig aus und so weiter.

Erbordnung

Erben der 1. Ordnung sind die Abkömmlinge des Erblassers, also seine Kinder und Kindeskinder. Ein lebendes Kind schließt seine eigenen Abkömmlinge aus.

Erben der 2. Ordnung sind die Eltern des Erblassers und deren Abkömmlinge, also Geschwister, Neffen und Nichten.

Erben der 3. Ordnung sind die Großeltern und deren Abkömmlinge, also Onkel und Tanten, Cousins und Cousinen.

Erben der 4. Ordnung sind die Urgroßeltern und deren Abkömmlinge und so weiter.

Erbrecht des überlebenden Ehegatten

Wenn die Ehegatten im gesetzlichen Güterstand der Zugewinngemeinschaft gelebt haben, steht dem überlebenden Ehepartner die Hälfte des Nachlasses zu, die andere Hälfte den gesetzlichen Erben der 1. Ordnung.

Sind keine Erben 1. Ordnung vorhanden, so erbt der überlebende Ehegatte drei Viertel und die Erben der 2. Ordnung ein Viertel des Nachlasses.

Der überlebende Ehegatte erhält außerdem den Hausrat und die Hochzeitsgeschenke als Voraus.

Bei Gütertrennung erbt der überlebende Ehegatte ein Viertel des Nachlasses und drei Viertel die Kinder.

Dasselbe Erbrecht gilt für den eingetragenen Lebenspartner, nicht jedoch für den Partner einer nichtehelichen Lebensgemeinschaft. Dieser hat kein gesetzliches Erbrecht, sondern kann nur durch Testament bedacht werden.

Bei der gesetzlichen Erbfolge kommt logischerweise kein Pflichtteilsanspruch in Betracht, weil jeder Erbe seinen gesetzlichen Anteil bekommt.

Testamentarische Erbfolge

Wer die gesetzliche Erbfolge nicht wünscht, sondern andere Personen begünstigen will, muss ein Testament verfassen.

Sehr häufig wird das Ehegattentestament, das so genannte

Berliner Testament, verfasst, in dem sich die Ehegatten gegenseitig zu Alleinerben einsetzen (erst nach dem Tod des überlebenden Ehegatten erben die Kinder).

Der Erblasser kann in seinem Testament (wie eingangs erwähnt) jede beliebige Person einsetzen. Wenn er aber den überlebenden Ehegatten und seine Kinder ausschließt, haben diese einen Pflichtteilsanspruch.

Pflichtteilsanspruch

Pflichtteilsberechtigt sind nur der überlebende Ehegatte und die Kinder, auch die nichtehelichen und adoptierten Kinder. Keinen Pflichtteilsanspruch haben die Geschwister und deren Kinder. Die Eltern des Erblassers haben nur dann einen Pflichtteilsanspruch, wenn keine erbberechtigten Kinder vorhanden sind.

Dieser Pflichtteil beträgt die Hälfte des gesetzlichen Erbteils und ist ein reiner Geldanspruch. Dieser Anspruch muss ausdrücklich geltend gemacht werden. Er verjährt nach drei Jahren.

Beerdigungskosten

In § 1968 BGB heißt es:

> Der Erbe trägt die Kosten der Beerdigung des Erblassers.

Die Beerdigung oder auch die Feuerbestattung eines Menschen, die so genannte Totenfürsorge, ist nicht im Bürgerlichen Gesetzbuch und den dortigen Bestimmungen über das Erbrecht geregelt, sondern obliegt den nächsten Angehörigen. Maßgeblich ist in erster Linie der Wille des Verstorbenen. Dieser kann die Totenfürsorge seinen Angehörigen überlassen oder entziehen oder auch eine andere Person mit dem Totenfürsorgerecht beauftragen, zum Beispiel seinen Lebensgefährten. Wenn der Wille des Verstorbenen nicht erkennbar ist, sind nach Gewohnheitsrecht seine nächsten Angehörigen berechtigt und verpflichtet. Unter ihnen hat dann der Ehegatte ein Vorrecht, bei verstorbenen minderjährigen Kindern der Sorgeberechtigte. Das Vorrecht kann sich auch daraus ergeben, dass ein Angehöriger Betreuer des Erblassers war.

Nähere Ausführungen hierzu siehe im nächsten Kapitel XII, insbesondere die Bestattungsverfügung, Seite 155.

Im Regelfall ist es so, dass die Angehörigen zunächst die Bestattung organisieren und danach, wenn die erbrechtlichen Verhältnisse geklärt sind, von dem jeweiligen Erben die Erstattung der vorgelegten Kosten verlangen können.

Die Verpflichtung des Erben zur Erstattung angefallener Kosten für die Beerdigung oder Feuerbestattung ist auf den Aufwand beschränkt, welcher der Lebensstellung des Erblassers angemessen ist. Der Erbe hat deshalb nicht nur die eigentlichen Beerdigungskosten zu tragen, sondern auch die Kosten einer üblichen kirchlichen oder bürgerlichen Feier, des Grabsteins sowie der Erstanlage der Grabstätte (allerdings nicht Mehrkosten für ein Doppelgrab), ferner die Ausgaben für Trauerkleidung (strittig), für Todesanzeigen, Danksagungen, Verdienstausfall und so weiter, nicht aber die Reisekosten der Angehörigen zum Beerdigungsort.

Die spätere Grabpflege gehört nicht mehr zu den gesetzlichen Verpflichtungen des oder der Erben. Allerdings kann der Erblasser in seinem Testament seinen Erben verpflichtet haben, die Grabpflegekosten für eine bestimmte Zeit zu zahlen. Der Erblasser kann auch einen Grabpflegevertrag abgeschlossen haben mit entsprechenden Nachlassverbindlichkeiten, die den Erben betreffen.

XI. Sterbebegleitung

Das Sterben zu Hause, im Heim oder im Krankenhaus

Die meisten Menschen wünschen sich, zu Hause zu sterben. Tatsächlich sterben die meisten jedoch in einem Altersheim oder im Krankenhaus.

Der Wunsch, zu Hause zu sterben, kann oft deshalb nicht erfüllt werden, weil keine Angehörigen vorhanden sind, welche die letzte Pflege übernehmen können. Oder die Angehörigen (die Ehegatten) sind selbst durch Alter und Krankheit gehindert, die zeitaufwändige und Körperkräfte erfordernde Pflege eines alten oder schwerkranken Menschen zu übernehmen. Sie haben oft nicht genügend Hilfe im Haushalt oder sind durch andere Pflichten überfordert.

Die Pflege eines Sterbenden zu Hause sollte gut vorbereitet werden. Der Hausarzt muss bereit sein, die notwendige medizinische Behandlung zu übernehmen und insbesondere für die Linderung der Schmerzen des Sterbenden zu sorgen.

Wenn diese Voraussetzungen nicht gegeben sind, müssen sterbenskranke Menschen meist in ein Alters- oder Pflegeheim gebracht werden.

Viele sterbende Personen wollen zwar ihren Angehörigen

zu Hause nicht zur Last fallen, haben aber auch Sorge, zum Sterben in ein Heim abgeschoben zu werden, wo sie in unpersönlicher Atmosphäre allein ihr Leben beenden müssen.

Die meisten Menschen sterben infolge Alters und Krankheit. Vor dem Sterben gibt es eine gewisse, nicht fest bestimmbare Zeit, die ihnen noch verbleibt. Der Überlebenswille kann zu einem Kampf führen, der das Sterben weit über alle Diagnosen hinaus verlängert.

Die Bedürfnisse eines sterbenden Menschen sind verschieden. Mancher möchte gehalten und getröstet werden und die körperliche Nähe seiner Angehörigen spüren, andere wollen nur in Ruhe gelassen werden.

Mit dem Sterben verändern sich auch die Eßgewohnheiten. Nichts will dem Sterbenden mehr schmecken, flüssige Nahrung wird vorgezogen. Die Angehörigen haben oft viel Mühe, dem Sterbenden etwas Nahrung zuzuführen.

Viele sterbende Menschen sind unruhig, andere sind noch wach und klar und nehmen Anteil an der Umwelt.

Hospizbewegung

Die Hospize waren im Mittelalter Herbergen für Reisende, Pilger und Kranke. Die englische Ärztin Cicely Saunders gründete 1967 das St. Christopher's Hospice in London. Von diesem Hospice aus verbreitete sich weltweit die Hospizbewegung.

Sie entwickelte insbesondere die Palliativmedizin (im medizinischen Sinn: lindern, insbesondere die Schmerztherapie). Diese Schmerztherapie wurde zu einem wesentlichen Bestandteil der Hospizarbeit.

Etwa zeitgleich befasste sich auch die Psychiaterin Elisabeth Kübler-Ross in den USA mit der Situation Sterbender. Sie machte vor allen Dingen auf die Notwendigkeit der Kommunikation mit dem Sterbenden an seinem Krankenbett aufmerksam.

Die Hospizbewegung bemüht sich, dem sterbenden Menschen einen Ort zu schaffen, ein letztes Zuhause, in dem ein menschenwürdiger Abschied vom Leben ohne unnötige Leiden möglich ist.

Nach statistischen Umfragen wünschen 95 Prozent aller Menschen, zu Hause sterben zu dürfen. Aber tatsächlich sterben 70 Prozent in Krankenhäusern und Pflegeheimen.

Die Hospizbewegung will das ändern. Sie will eine neue Kultur des Sterbens schaffen. Man will das Leiden Sterbenskranker lindern und ihnen das Verbleiben in der vertrauten Umgebung ermöglichen.

Der Schwerpunkt der Hospizarbeit liegt bei den ambulanten Hospizdiensten, also der Sterbebegleitung zu Hause. Wo dies nicht möglich ist, können unheilbar kranke Patienten vorübergehend oder bis zu ihrem Tod in stationären Hospizen fachgerecht begleitet und versorgt werden.

Die Bemühungen der Hospizbewegung, das Thema »Sterben, Tod und Trauer« aus der Tabuzone herauszuholen, zeigt auch in Deutschland positive Ergebnisse. Vielerorts werden Hospizinitiativen gegründet, um schwerstkranke und sterbende Menschen in der letzten Lebensphase zu begleiten und ihnen ein Sterben in Würde zu ermöglichen.

In vielen Orten Deutschlands kann man über die Hospizbewegung nähere Informationen einholen über die Krankenkassen, das DRK, den Caritasverband und andere soziale Dienste. Auch die Kirchengemeinden geben Auskunft. Umfangreiches Adressenmaterial kann man dem Internet entnehmen.

Kostentragung

Seit 1996 ist in das Sozialgesetzbuch V ein neuer Paragraph 39 a eingesetzt worden.

Danach haben Versicherte, die keiner Krankenhausbehandlung bedürfen, Anspruch auf einen Zuschuss zu stationärer und teilstationärer Versorgung in Hospizen, in denen palliativmedizinische Behandlung erbracht wird, wenn eine ambulante Versorgung im Haushalt oder der Familie der Versicherten nicht erbracht werden kann. Die Höhe des Zuschusses ist in der Satzung der Krankenkasse festzulegen.

Die Krankenkasse hat ambulante Hospizdienste zu fördern, die für Versicherte, die keiner Krankenhausbehandlung und keiner stationären oder teilstationären Versorgung in einem Hospiz bedürfen, qualifizierte ehrenamtliche Sterbebegleitung in deren Haushalt und Familie erbringen.

DIGNITAS

Im Jahr 1998 wurde in der Schweiz (Forch-Zürich) der Verein DIGNITAS – Menschenwürdig leben – Menschenwürdig sterben – gegründet.

Diese Organisation, welche keinerlei kommerziellen Interessen verfolgt, hat den Sinn und Zweck, ihren Mitgliedern ein menschenwürdiges Leben wie auch ein menschenwürdiges Sterben zu sichern.

Nach einem Zeitungsbericht in der *Welt* vom 5.11.2005 hat der Schweizer Verein bereits 450 Menschen beim Sterben geholfen. Etwa die Hälfte von ihnen stammte aus Deutschland. Kürzlich eröffnete DIGNITAS eine Filiale in Hannover. Das hat eine große Debatte in Deutschland über die Legalisierung der aktiven Sterbehilfe ausgelöst.

Während das Land Niedersachsen den Verein verbieten lassen will, wirft DIGNITAS-Chef Ludwig Minelli seinen Kritikern vor, lediglich »ihre alten Vorurteile zu pflegen«, und verweist auf mehr als 1000 Anfragen, die er nach Gründung des Büros in Hannover erhalten habe.

Von Juristen ist die Forderung erhoben worden, die Gesetze so zu ändern, dass Tötung auf Verlangen nicht mehr strafbar sei, auch die frühere Bundesjustizministerin Sabine Leutheusser-Schnarrenberger sprach sich für eine Legalisierung der aktiven Sterbehilfe aus.

Zurzeit wird dieses Thema heftig diskutiert. Man sagt, dass aktives Töten niemals die Aufgabe von Ärzten sein dürfe. In den Niederlanden dagegen ist seit November 2000 die aktive Sterbehilfe legalisiert. Wenn von zwei Ärzten unabhängig voneinander bestätigt wird, dass sich der Sterbewillige in der Endphase seines Lebens befindet, dürfen die Mediziner den Sterbewunsch des Betroffenen erfüllen.

Während Belgien und Frankreich ebenfalls entsprechende Gesetze verabschiedet haben, dürfen in der Schweiz die Ärzte lediglich Betäubungsmittel in einer tödlichen Dosis verschreiben, die der Patient dann selbst einnimmt.

Im Fall von ärztlich diagnostizierten hoffnungslosen oder unheilbaren Krankheiten, unerträglichen Schmerzen oder unzumutbaren Behinderungen bietet DIGNITAS seinen Mitgliedern einen begleiteten Freitod an.

Der Verein beschafft das dazu notwendige letale Medikament, bei dem es sich um ein schnell und völlig schmerzlos wirkendes Barbiturat handelt, das in gewöhnlichem Leitungswasser aufgelöst wird. Nach dessen Einnahme schläft der Patient oder die Patientin innerhalb weniger Minuten ein, wobei der Schlaf absolut schmerzlos und ruhig in den Tod übergeht.

Die Adresse von DIGNITAS lautet:

Postfach 9
CH-8127 Forch
Telefon: 044–9804459

Für eine einmalige Eintrittsgebühr von 100 sFr. (etwa 76 Euro) und einen jährlichen Mitgliedsbeitrag von mindestens 50 sFr. (etwa 38 Euro) – die Höhe liegt im Ermessen des Mitglieds – hilft DIGNITAS im konkreten Fall bei der Durchsetzung der Patientenverfügung gegenüber Ärzten und Kliniken und steht für Sterbevorbereitung, Sterbebegleitung und Freitod zur Verfügung.

XII. Vorsorge für den Todesfall

Vorbemerkung

Für viele Menschen ist mit dem Tod alles zu Ende. Ihre Nachkommen und Erben mögen tun und lassen, was sie wollen. Einen direkten Einfluss darauf will und kann man nicht nehmen.

Eine solche Lebensauffassung haben aber nicht alle Menschen. Im Gegenteil: Viele wollen die Dinge vorsorglich und vernünftig für ihre Angehörigen regeln. Es ist aber sehr schwierig, im Voraus alles so zu bestimmen, dass die Angehörigen später in Liebe des Verstorbenen gedenken und sich nicht stattdessen mit Erbstreitigkeiten gegenseitig bekriegen.

Niemand kann mit Sicherheit voraussehen, wie sich nach seinem Tod die allgemeinen wirtschaftlichen Verhältnisse und die persönlichen Bedürfnisse der Angehörigen entwickeln werden. Keinesfalls darf man zu kleinliche und zu konkret bindende Bestimmungen treffen, die später nicht eingehalten werden können.

Beispiel:
Viele ältere Ehepaare bestimmen, dass das Elternhaus, welches von den Großeltern stammt, nicht verkauft werden darf, sondern als Familiensitz erhalten werden muss.

Wie aber sollen mehrere Erben diese Bestimmung einhalten, wenn sie alle auswärts wohnen und keiner Interesse an dem Haus hat, sondern lieber einen Geldbetrag erhalten würden? Zwar können sich alle Erben durch einen gemeinsamen Beschluss über eine solche Bestimmung des Erblassers hinwegsetzen, aber das gibt, wie der Verfasser aus Erfahrung weiß, meist heftigen Streit unter den Nachkommen.

Für den Erblasser selbst, der seine letzten Dinge regeln will, kommt noch die psychologische Hemmschwelle hinzu, dass er sich nicht »freiwillig« mit seinem Tod befassen will, sondern die damit zusammenhängenden Entscheidungen vor sich herschiebt, oft bis es zu spät ist.

Deshalb will dieser Rechtsratgeber einige Hinweise geben, welche Angelegenheiten man zu gesunden Lebzeiten bedenken sollte.

Persönliche Daten

Nach dem Tod eines Menschen ist es für die Angehörigen und Erben, soweit sie nicht mit dem Verstorbenen eng verbunden waren, oft sehr schwierig, die für die Bestattung und Abwicklung des Nachlasses erforderlichen Daten festzustellen.

Es empfiehlt sich deshalb für jeden, an gut sichtbarer Stelle eine Aufstellung zu hinterlassen, aus der sich die persönlichen Daten und die Namen und Adressen der nächsten (blutsverwandten) Angehörigen ergeben.

Außerdem sind Angaben erforderlich über die (ehemalige) Arbeitsstelle und über Einkünfte, insbesondere Renteneinkünfte, Miet- und Pachtverträge, die im Todesfall gekündigt werden müssen, Bankverbindungen und Versicherungen und sonstige laufende Dauerverpflichtungen wie Radio- und Fernsehgebühren, Zeitschriftenabonnements, Stromversorgung und so weiter.

Niemand ist zu einer solchen Aufstellung verpflichtet, aber es würde den Angehörigen die Erledigung der Nachlassangelegenheiten erleichtern.

Eintritt des Sterbefalls

Wenn ein Sterbefall eintritt, dann kommt neben aller Trauer auf die Angehörigen eine Menge Arbeit zu. Es sind dringend eine Menge Formalitäten zu erledigen, die man den Angehörigen erleichtern kann, wenn man selbst für diesen Fall genügende Vorsorge trifft.

Tritt ein Todesfall in der Wohnung ein, so muss zunächst ein Arzt benachrichtigt werden, um die Todesbescheinigung auszustellen. Hierzu benötigt der Arzt den Personalausweis des Verstorbenen. Falls der Tod in einem Krankenhaus, einem Heim oder einer ähnlichen Einrichtung eintritt, muss sich die Verwaltung der jeweiligen Einrichtung um die Ausstellung der Todesbescheinigung bemühen.

Wenn der Verstorbene einer Kirchengemeinde oder einer anderen Religionsgemeinschaft angehört, ist diese sofort zu benachrichtigen. Die Seelsorger und auch die Hospizhelfer kommen, wenn ein Mensch im Sterben liegt, um mit dem Sterbenden und den Angehörigen zu beten und die Sterbesakramente zu spenden.

Folgende Unterlagen sind bereitzuhalten:

Familienbuch und Heiratsurkunde, bei Ledigen die Geburtsurkunde, bei Geschiedenen das Scheidungsurteil.

Belege über alle Renten, Firmenrenten, gegebenenfalls Renten des Ehepartners. Miet- und Pachtverträge, Versicherungspolicen von allen Versicherungen, auch Haus-, Haftpflicht- und Krankenversicherung, Belege über Mitgliedschaften in Organisationen und Vereinen.

Bestattungsunternehmen

Für die Angehörigen empfiehlt es sich, ein Bestattungsunternehmen zu beauftragen. Bei dessen Wahl ist man nicht an den Wohn-, Sterbe- oder Bestattungsort gebunden. Die Bestattungsunternehmen dürfen überall tätig sein.

Die Aufgaben des Bestattungsunternehmens sind:

- Einbetten und Überführung ins In- und Ausland, auf dem Land- oder auf dem Luftweg.
- Beantragung der Ausstellung der Sterbeurkunde beim Standesamt.
- Terminierung bei der Friedhofsverwaltung und der Kirche.
- Auswahl des Grabes nach den Wünschen der Angehörigen.
- Entwurf und Gestaltung von Zeitungsanzeigen, Fertigung von Trauerdrucksachen.
- Beantragen von Sterbegeldern bei Versicherungen.
- Beantragen der Hinterbliebenenrente.
- Auf Wunsch Auslegung einer Kondolenzliste.

Im Allgemeinen sind die Bestattungsunternehmer auch daran interessiert, eine Empfangsvollmacht für später fällige Sterbe- und Versicherungsgelder »zur zweckgebundenen Verwendung oder zur Deckung unvorhergesehener Kosten« zu erhalten.

Insoweit ist in jedem Fall genaue Kontrolle und Vorsicht erforderlich, damit später die Gelder tatsächlich für den vorgesehenen Zweck und im vorgesehenen Rahmen verwandt werden. Von Vorabzahlung sollte deshalb nach Möglichkeit abgesehen werden.

Außerdem sollte einem nahen Angehörigen eine Kontrollmöglichkeit eingeräumt werden.

Bestattungsarten

Die Erdbestattung

Dies ist die traditionelle Bestattungsform, entsprechend dem Brauch der Kirche. Der Verstorbene wird in einem Sarg beerdigt. Die Kosten hierfür hängen von Art, Größe und Lage der Grabstelle ab.

Die Feuerbestattung

Seit alters her bei vielen Völkern eine gebräuchliche Art der Totenbestattung, die auch von den christlichen Kirchen anerkannt ist. Der Sarg mit dem Verstorbenen wird eingeäschert und die Aschenreste in eine Urne gefüllt. Die Urne mit den Aschenresten kann, wie der Sarg bei der Erdbestattung, auf dem Friedhof beigesetzt werden.

Die Kosten einer Erdbestattung und einer Feuerbestattung sind etwa gleich hoch. Bei der Erdbestattung ist ein »teurerer« Sarg erforderlich als bei der Feuerbestattung. Andererseits kommen bei der Feuerbestattung die Kosten des Krematoriums hinzu. Die Folgekosten für eine Urnengrabstätte sind aber wesentlich geringer als bei einer üblichen Erdbestattung.

Bei einer Feuerbestattung ist eine zweite Leichenschau erforderlich.

Die Seebestattung

Die Seebestattung findet immer mehr Befürworter. Auch bei ihr muss eine Einäscherung der Leiche vorausgehen. Die Asche wird in einer Urne aus Salzkristallen von einem Schiff aus im Meer versenkt, außerhalb der Drei-Meilen-Zone. Auf Wunsch können die Angehörigen an der Seebestattung teilnehmen, meist veranstaltet der Kapitän des Schiffes eine würdige Trauerfeier. Die Hinterbliebenen erhalten eine Seegebietskarte mit der Beisetzungsposition und einen Logbuchauszug. Der finanzielle Vorteil einer Seebestattung liegt darin, dass keine Folgekosten für die Betreuung einer Grabstelle entstehen. Es muss aber ausdrücklich darauf hingewiesen werden, dass eine Seebestattung nur durchgeführt werden darf, wenn der Verstorbene dies zu Lebzeiten schriftlich festgelegt hat. Die Kosten einer Seebestattung liegen im Regelfall geringer als die Kosten einer Erdbestattung.

Die anonyme Bestattung

Der Wunsch nach einer anonymen Bestattung wird heutzutage vielfach geäußert. Er muss aber – wie bei der Seebestattung – vorher schriftlich niedergelegt werden. Im Fall einer anonymen Bestattung wird die Urne auf einem Urnenfeld eines öffentlichen Friedhofs beigesetzt oder die Asche wird dort verstreut.

Die Baumbestattung

Die letzte Ruhe unter einem Baum zu finden, ist jetzt auch in Deutschland möglich. Der Beisetzung in einem so genannten Fried-Wald (geschützter Name) geht eine Feuerbestattung voraus. Die Asche des Verstorbenen wird zum Schluss der Trauerfeier an den Wurzeln eines Baumes beigesetzt. Die Idee zu dieser Art der Beisetzung stammt aus der Schweiz, wo es schon etwa 50 kleinere Ruheforste gibt. Zwölf große Fried-Wälder existieren in Deutschland.

Die Fried-Waldbäume werden mit einem Förster gemeinsam ausgewählt und in ein Baumregister eingetragen. Durch einen entsprechenden Grundbucheintrag sind die Bäume des Fried-Waldes geschützt. Menschen, die sich für eine Fried-Wald-Baumbestattung entscheiden, suchen sich ihren Baum in aller Regel selbst aus. An einem Baum kann die Asche einzelner Personen oder – mit der Zeit – ganzer Familien bestattet werden.

Die Diamantenherstellung

Aus der Asche des Verstorbenen lassen sich Diamanten pressen. Dieses Verfahren wird bisher nur in den USA angeboten, in Deutschland ist es noch nicht zulässig.

Die Weltraumbestattung

In den USA wird von Privatunternehmen die Weltraumbestattung angeboten. Dies ist ein eher symbolischer Akt, weil nur etwa ein bis sieben Gramm der Asche zusammen mit einem Satelliten ins All geschossen werden. Diese Bestattungsalternative ist in Deutschland nicht zulässig.

Kosten der Bestattung

Die Kosten einer Bestattung sind sehr unterschiedlich, betragen aber mindestens ein paar Tausend Euro, wobei die Feuerbestattung meist die preiswerteste Lösung ist, zumal hierfür nur ein günstiger Einäscherungssarg benötigt wird.

Außerdem muss man die Gebühren der Friedhofsverwaltung bedenken, die bei einer Urne niedriger liegen als bei einem Sarg. Einer der Hauptposten bei einer Bestattung sind die Kosten eines Sarges, die zwischen 1.000 und 2.000 Euro liegen.

Ein weiterer wesentlicher Kostenpunkt ist das Grabdenkmal, angefangen vom einfachen Holzkreuz bis zu einem Kunstwerk oder einer aufwändigen Gruft.

Außer den eigentlichen Bestattungskosten kommen noch die Kosten für das Trauermahl und die spätere Grabpflege hinzu. Man kann damit rechnen, dass die Kosten für eine normale bürgerliche Beerdigung einschließlich aller Nebenpositionen zwischen 5.000 und 10.000 Euro liegen.

Beispiel:
Nachfolgend wird eine Rechnung eines Bestattungsunternehmens von Juni 2006 wiedergegeben, die eine nicht aufwändige Beerdigung einer alleinstehenden Witwe in einer mittleren Großstadt in der Bundesrepublik betrifft.

Fichtentruhe	1.150,00 EUR
Deckelkreuz	19,00 EUR
Deckengarnitur	110,00 EUR
Einbetten, Ankleiden	80,00 EUR
Überführung Stadtgebiet	175,00 EUR

Erledigung aller Formalitäten	200,00 EUR
Todesanzeige Zeitung	212,00 EUR
Benutzung Notsarg/Trage	75,00 EUR
Übertrag	2.021,00 EUR
Sterbeurkunden	21,00 EUR
Träger, Deko, Organist	140,00 EUR
Übertrag	2.182,00 EUR
diverse Blumen	320,00 EUR
Totenschein Arzt	80,00 EUR
Summe	2.582,00 EUR

Hinzu kommen noch die städtischen Gebühren:

Tiefgrabstätte	1.625,00 EUR
Erdbestattung	530,00 EUR
Benutzung Trauerhalle	150,00 EUR
Benutzung Aufbewahrungsraum	65,00 EUR
Benutzung Orgel	4,00 EUR
Erstellung einer neuen Urkunde	10,00 EUR
Summe	2.384,00 EUR

Die Kosten für das Bestattungsunternehmen und die Stadt betragen zusammen 4.966 Euro.

Ferner sind noch zu bedenken die Kosten des Trauermahls, der Ergänzung des Gedenksteins und der späteren Grabpflege, so dass sich auch bei einer schlichten Beerdigung in kleinem Kreis ein Aufwand von über 5.000 Euro ergibt.

Finanzielle Belastung im Sterbefall

Seitdem das Sterbegeld der gesetzlichen Krankenversicherung ersatzlos gestrichen wurde, sollte jeder verantwortungsbewusste Bürger für die Kosten seiner Bestattung vorsorgen, um damit seine Angehörigen zu entlasten, die sonst für die Bestattung eintreten müssten. Man sollte auch bedenken, dass die Angehörigen weitere Kosten haben, wie Trauerkleidung, Fahrten zum Ort der Beisetzung, die Bewirtung der Trauergäste und schließlich die Grabpflegekosten.

Gibt es keine Angehörigen des Verstorbenen mehr, kümmert sich die zuständige Ordnungsbehörde um eine einfache Beisetzung.

Bestattungsvorsorge

Wer seine Angehörigen mit den Kosten der Bestattung nicht belasten will, hat zwei Möglichkeiten:

1. Er kann eine Sterbegeldversicherung abschließen, die von fast allen Lebensversicherungen angeboten wird.

2. Man kann auch eine bestimmte Geldsumme – im Regelfall 5000 bis 10.000 Euro – bei einem Bestattungsunternehmen seiner Wahl einzahlen. Damit man nicht Gefahr läuft, dass das Bestattungsunternehmen zum Zeitpunkt des eigenen Todes insolvent geworden ist oder das eingezahlte Geld anderweitig verbraucht hat, kann man mit einem Bestattungsunternehmen, welches dem Bundesverband Deutscher Bestatter angehört, einen Treuhandvertrag abschließen. Dieser wird mit der Deutschen Bestattungsvorsorge-Treuhand-Aktiengesellschaft (Volmerswerther Str. 79, 40221 Düsseldorf) geschlos-

sen. Die Treuhand garantiert, dass alle bei ihr eingezahlten Gelder nach den Grundsätzen einer wirtschaftlichen Vermögensverwaltung angelegt und treuhänderisch verwaltet werden. Das Guthaben wird mit dem jeweils festgelegten Satz verzinst und die Zinsen jährlich dem Kapitalbetrag zugeschlagen.

Falls der Vorsorgeempfänger den Bestattungsvorsorgevertrag kündigt, erfolgt die Auszahlung an den Anspruchsberechtigten. Mit anderen Worten: Man ist nicht an das einmal gewählte Bestattungsinstitut gebunden. Zusätzlich garantiert die Treuhand die Übernahme der Kosten im Fall einer Auslandsrückholung der verstorbenen Person.

Erläuterung zum Bestattungsvorsorgevertrag

Bestattungsvorsorgeverträge sind grundsätzlich kündbar. Im Fall der Kündigung steht dem beauftragten Bestattungsinstitut ein Schadensersatzanspruch wegen der bisher geleisteten Aufwendung zu. Dieser muss in der Höhe im Einzelnen begründet sein und kann nach der Rechtsprechung bis zu 15 Prozent der vereinbarten Vorsorgesumme betragen.

Es empfiehlt sich, Vorauszahlungen auf Bestattungsvorsorgeverträge nicht beim Bestattungsinstitut zu leisten, sondern den Betrag bei der Deutschen Bestattungsvorsorge-Treuhand AG zu hinterlegen.

Nach der höchstrichterlichen Rechtsprechung dürfen Sozialämter auf angemessene Vorsorgeverträge, die aufgrund eines Bestattungsvorsorgevertrags bezahlt worden sind, nicht zurückgreifen. Die Angemessenheit richtet sich im Einzelfall nach den Lebensumständen der Vorsorgenden. Es dürfte sich in der Regel um Beträge zwischen 3.000 und 5.000 Euro handeln.

Grabmal und Grabpflege

Soweit der Verstorbene keine anonyme Bestattung wünscht, ist ein Grabmal üblich, vom einfachen Steinblock bis hin zu einem Kunstwerk. Für die Aufstellung des Grabmals ist die Genehmigung der jeweiligen Friedhofsbehörde erforderlich.

Ein Grab bedarf der laufenden gärtnerischen Betreuung. Diese Betreuung können die Angehörigen selbst übernehmen oder eine Friedhofsgärtnerei damit beauftragen. Üblich sind Dauergrabpflegeverträge. Ein solcher wird über einen Zeitraum von mindestens fünf Jahren bis zum Ende der Ruhefrist beziehungsweise Nutzungsdauer abgeschlossen. Er garantiert eine regelmäßige gärtnerische Grabpflege sowie Blumenschmuck nach individuellen Wünschen. Ein Dauergrabpflegevertrag kann mit der jeweiligen Friedhofsgärtnerei abgeschlossen werden und wird meist über ein Treuhandkonto abgewickelt, entsprechend den jeweiligen örtlichen Gepflogenheiten.

Bestattungsverfügung

Wer seine Angehörigen mit der Organisation der Bestattung und den Kosten nicht belasten will, kann eine Bestattungsverfügung verfassen, für die Kosten ein Treuhandkonto bei der Bank oder Sparkasse einrichten und gegebenenfalls zusätzlich eine Lebensversicherung für die Beerdigungskosten abschließen.

Muster

Bestattungsverfügung

Im Falle meines Todes wünsche ich, der Unterzeichnende, eine würdige, aber nicht zu aufwändige katholische Beerdigung auf unserem Dorffriedhof. Zur Trauerfeier mögen alle meine Verwandten und Bekannten eingeladen und entsprechende Zeitungsanzeigen aufgegeben werden.
Ich habe meine persönlichen Papiere in der rechten oberen Schublade meines Esszimmerschranks aufbewahrt. Dort liegen auch eine Liste meiner nächsten Angehörigen und ein Verzeichnis meiner Vermögenswerte.
Mit meiner Bestattung möge das Bestattungshaus ______________ beauftragt werden, weil ich mit dem Inhaber dieses Bestattungshauses gut bekannt bin.
Für die Bestattungskosten besteht eine Versicherung bei der ________________ Versicherung in Höhe von 10.000 Euro, die zuvörderst für das Bestattungsunternehmen bestimmt ist. Der Rest mag an meine Erben verteilt werden oder notfalls ein Fehlbetrag zugeschossen werden.
Außerdem hatte ich mit der Gärtnerei __________ nach dem Tod meiner Frau einen Grabpflegevertrag geschlossen und dort eine entsprechende Summe eingezahlt.

(Datum, Unterschrift)

Anmerkung: In einer solchen Bestattungsverfügung kann die jeweils gewünschte Art der Bestattung im Einzelnen festgelegt werden. Man sollte dabei einen Hinweis auf die Kostendeckung nicht vergessen.

XIII. Zu guter Letzt – die Vorsorge für unsere Haustiere

Viele Menschen hängen mit besonderer Liebe an ihren Haustieren und machen sich Sorgen, was nach ihrem Tod aus den Tieren werden soll.

Leider gibt es dafür keine festen gesetzlichen Vorschriften, und man findet auch in keinem Handbuch geeignete Vorschläge.

Jeder Mensch sollte sich deshalb selbst Gedanken darüber machen, wie seine Haustiere im Fall seines Todes weiterhin versorgt werden. Testamentarisch ist allenfalls eine Regelung möglich, dass die Tiere in einem Tierheim untergebracht und aus Mitteln des Nachlasses dort versorgt werden. Aber das ist keine Lösung, die ein wahrer Tierfreund billigen wird. Es bleibt kein anderer Weg, als mit Ehegatten, Kindern oder Freunden rechtzeitig zu besprechen, wo im Fall des eigenen Todes der Kanarienvogel, die Katze, der Hund oder das Pferd verbleiben und versorgt werden sollen. In dem Zusammenhang sollte auch geklärt werden, wie es sich mit den Kosten für die Versorgung verhält, und ob der Nachlass diese Kosten zu tragen hat.

Anhang

Auszüge aus dem Bürgerlichen Gesetzbuch

Vertretung und Vollmacht

§ 164 Wirkung der Erklärung des Vertreters

(1) Eine Willenserklärung, die jemand innerhalb der ihm zustehenden Vertretungsmacht im Namen des Vertretenen abgibt, wirkt unmittelbar für und gegen den Vertretenen. Es macht keinen Unterschied, ob die Erklärung ausdrücklich im Namen des Vertretenen erfolgt oder ob die Umstände ergeben, dass sie in dessen Namen erfolgen soll.
(2) Tritt der Wille, in fremdem Namen zu handeln, nicht erkennbar hervor, so kommt der Mangel des Willens, im eigenen Namen zu handeln, nicht in Betracht.
(3) Die Vorschriften des Absatzes 1 finden entsprechende Anwendung, wenn eine gegenüber einem anderen abzugebende Willenserklärung dessen Vertreter gegenüber erfolgt.

§ 165 Beschränkt geschäftsfähiger Vertreter

Die Wirksamkeit einer von oder gegenüber einem Vertreter abgegebenen Willenserklärung wird nicht dadurch beeinträchtigt, dass der Vertreter in der Geschäftsfähigkeit beschränkt ist.

§ 166 Willensmängel; Wissenszurechnung

(1) Soweit die rechtlichen Folgen einer Willenserklärung durch Willensmängel oder durch die Kenntnis oder das Kennenmüssen gewisser Umstände beeinflusst werden, kommt nicht die Person des Vertretenen, sondern die des Vertreters in Betracht.
(2) Hat im Falle einer durch Rechtsgeschäft erteilten Vertretungsmacht (Vollmacht) der Vertreter nach bestimmten Weisungen des Vollmachtgebers gehandelt, so kann sich dieser in Ansehung solcher Umstände, die er selbst kannte, nicht auf die Unkenntnis des Vertreters berufen. Dasselbe gilt von Umständen, die der Vollmachtgeber kennen musste, sofern das Kennenmüssen der Kenntnis gleichsteht.

§ 167 Erteilung der Vollmacht

(1) Die Erteilung der Vollmacht erfolgt durch Erklärung gegenüber dem zu Bevollmächtigenden oder dem Dritten, dem gegenüber die Vertretung stattfinden soll.
(2) Die Erklärung bedarf nicht der Form, welche für das Rechtsgeschäft bestimmt ist, auf das sich die Vollmacht bezieht.

§ 168 Erlöschen der Vollmacht

Das Erlöschen der Vollmacht bestimmt sich nach dem ihrer Erteilung zugrunde liegenden Rechtsverhältnis. Die Vollmacht ist auch bei dem Fortbestehen des Rechtsverhältnisses widerruflich, sofern sich nicht aus diesem ein anderes ergibt. Auf die Erklärung des Widerrufs findet die Vorschrift des § 167 Abs. 1 entsprechende Anwendung.

§ 169 Vollmacht des Beauftragten und des geschäftsführenden Gesellschafters

Soweit nach den §§ 674, 729 die erloschene Vollmacht eines Beauftragten oder eines geschäftsführenden Gesellschafters als fortbestehend gilt, wirkt sie nicht zugunsten eines Dritten, der bei der Vornahme eines Rechtsgeschäfts das Erlöschen kennt oder kennen muss.

§ 170 Wirkungsdauer der Vollmacht

Wird die Vollmacht durch Erklärung gegenüber einem Dritten erteilt, so bleibt sie diesem gegenüber in Kraft, bis ihm das Erlöschen von dem Vollmachtgeber angezeigt wird.

§ 171 Wirkungsdauer bei Kundgebung

(1) Hat jemand durch besondere Mitteilung an einen Dritten oder durch öffentliche Bekanntmachung kundgegeben, dass er einen anderen bevollmächtigt habe, so ist dieser auf Grund der Kundgebung im ersteren Falle dem Dritten gegenüber, im letzteren Falle jedem Dritten gegenüber zur Vertretung befugt.

(2) Die Vertretungsmacht bleibt bestehen, bis die Kundgebung in derselben Weise, wie sie erfolgt ist, widerrufen wird.

§ 172 Vollmachtsurkunde

(1) Der besonderen Mitteilung einer Bevollmächtigung durch den Vollmachtgeber steht es gleich, wenn dieser dem Vertreter eine Vollmachtsurkunde ausgehändigt hat und der Vertreter sie dem Dritten vorlegt.
(2) Die Vertretungsmacht bleibt bestehen, bis die Vollmachtsurkunde dem Vollmachtgeber zurückgegeben oder für kraftlos erklärt wird.

§ 173 Wirkungsdauer bei Kenntnis und fahrlässiger Unkenntnis

Die Vorschriften des § 170, des § 171 Abs. 2 und des § 172 Abs. 2 finden keine Anwendung, wenn der Dritte das Erlöschen der Vertretungsmacht bei der Vornahme des Rechtsgeschäfts kennt oder kennen muss.

§ 174 Einseitiges Rechtsgeschäft eines Bevollmächtigten

Ein einseitiges Rechtsgeschäft, das ein Bevollmächtigter einem anderen gegenüber vornimmt, ist unwirksam, wenn der Bevollmächtigte eine Vollmachtsurkunde nicht vorlegt und der andere das Rechtsgeschäft aus diesem Grund unverzüglich zurückweist. Die Zurückweisung ist ausgeschlossen, wenn der Vollmachtgeber den anderen von der Bevollmächtigung in Kenntnis gesetzt hatte.

§ 175 Rückgabe der Vollmachtsurkunde

Nach dem Erlöschen der Vollmacht hat der Bevollmächtigte die Vollmachtsurkunde dem Vollmachtgeber zurückzugeben; ein Zurückbehaltungsrecht steht ihm nicht zu.

§ 176 Kraftloserklärung der Vollmachtsurkunde

(1) Der Vollmachtgeber kann die Vollmachtsurkunde durch eine öffentliche Bekanntmachung für kraftlos erklären; die Kraftloserklärung muss nach den für die öffentliche Zustellung einer Ladung geltenden Vorschriften der Zivilprozessordnung veröffentlicht werden. Mit dem Ablauf eines Monats nach der letzten Einrückung in die öffentlichen Blätter wird die Kraftloserklärung wirksam.
(2) Zuständig für die Bewilligung der Veröffentlichung ist sowohl das Amtsgericht, in dessen Bezirk der Vollmachtgeber seinen allgemeinen Gerichtsstand hat, als das Amtsgericht, welches für die Klage auf Rückgabe der Urkunde, abgesehen von dem Wert des Streitgegenstands, zuständig sein würde.
(3) Die Kraftloserklärung ist unwirksam, wenn der Vollmachtgeber die Vollmacht nicht widerrufen kann.

§ 177 Vertragsschluss durch Vertreter ohne Vertretungsmacht

(1) Schließt jemand ohne Vertretungsmacht im Namen eines anderen einen Vertrag, so hängt die Wirksamkeit des Vertrags für und gegen den Vertretenen von dessen Genehmigung ab.
(2) Fordert der andere Teil den Vertretenen zur Erklärung über die Genehmigung auf, so kann die Erklärung nur ihm gegenüber erfolgen; eine vor der Aufforderung dem Vertreter gegen-

über erklärte Genehmigung oder Verweigerung der Genehmigung wird unwirksam. Die Genehmigung kann nur bis zum Ablauf von zwei Wochen nach dem Empfang der Aufforderung erklärt werden; wird sie nicht erklärt, so gilt sie als verweigert.

§ 178 Widerrufsrecht des anderen Teils

Bis zur Genehmigung des Vertrags ist der andere Teil zum Widerruf berechtigt, es sei denn, dass er den Mangel der Vertretungsmacht bei dem Abschluss des Vertrags gekannt hat. Der Widerruf kann auch dem Vertreter gegenüber erklärt werden.

§ 179 Haftung des Vertreters ohne Vertretungsmacht

(1) Wer als Vertreter einen Vertrag geschlossen hat, ist, sofern er nicht seine Vertretungsmacht nachweist, dem anderen Teil nach dessen Wahl zur Erfüllung oder zum Schadensersatz verpflichtet, wenn der Vertretene die Genehmigung des Vertrags verweigert.
(2) Hat der Vertreter den Mangel der Vertretungsmacht nicht gekannt, so ist er nur zum Ersatz desjenigen Schadens verpflichtet, welchen der andere Teil dadurch erleidet, dass er auf die Vertretungsmacht vertraut, jedoch nicht über den Betrag des Interesses hinaus, welches der andere Teil an der Wirksamkeit des Vertrags hat.
(3) Der Vertreter haftet nicht, wenn der andere Teil den Mangel der Vertretungsmacht kannte oder kennen musste. Der Vertreter haftet auch dann nicht, wenn er in der Geschäftsfähigkeit beschränkt war, es sei denn, dass er mit Zustimmung seines gesetzlichen Vertreters gehandelt hat.

§ 180 Einseitiges Rechtsgeschäft

Bei einem einseitigen Rechtsgeschäft ist Vertretung ohne Vertretungsmacht unzulässig. Hat jedoch derjenige, welchem gegenüber ein solches Rechtsgeschäft vorzunehmen war, die von dem Vertreter behauptete Vertretungsmacht bei der Vornahme des Rechtsgeschäfts nicht beanstandet oder ist er damit einverstanden gewesen, dass der Vertreter ohne Vertretungsmacht handele, so finden die Vorschriften über Verträge entsprechende Anwendung. Das Gleiche gilt, wenn ein einseitiges Rechtsgeschäft gegenüber einem Vertreter ohne Vertretungsmacht mit dessen Einverständnis vorgenommen wird.

§ 181 Insichgeschäft

Ein Vertreter kann, soweit nicht ein anderes ihm gestattet ist, im Namen des Vertretenen mit sich im eigenen Namen oder als Vertreter eines Dritten ein Rechtsgeschäft nicht vornehmen, es sei denn, dass das Rechtsgeschäft ausschließlich in der Erfüllung einer Verbindlichkeit besteht.

Einwilligung und Genehmigung

§ 182 Zustimmung

(1) Hängt die Wirksamkeit eines Vertrags oder eines einseitigen Rechtsgeschäfts, das einem anderen gegenüber vorzunehmen ist, von der Zustimmung eines Dritten ab, so kann die Erteilung sowie die Verweigerung der Zustimmung sowohl dem einen als dem anderen Teil gegenüber erklärt werden.

(2) Die Zustimmung bedarf nicht der für das Rechtsgeschäft bestimmten Form.
(3) Wird ein einseitiges Rechtsgeschäft, dessen Wirksamkeit von der Zustimmung eines Dritten abhängt, mit Einwilligung des Dritten vorgenommen, so finden die Vorschriften des § 111 Satz 2, 3 entsprechende Anwendung.

§ 183 Widerruflichkeit der Einwilligung

Die vorherige Zustimmung (Einwilligung) ist bis zur Vornahme des Rechtsgeschäfts widerruflich, soweit nicht aus dem ihrer Erteilung zugrunde liegenden Rechtsverhältnis sich ein anderes ergibt. Der Widerruf kann sowohl dem einen als dem anderen Teil gegenüber erklärt werden.

§ 184 Rückwirkung der Genehmigung

(1) Die nachträgliche Zustimmung (Genehmigung) wirkt auf den Zeitpunkt der Vornahme des Rechtsgeschäfts zurück, soweit nicht ein anderes bestimmt ist.
(2) Durch die Rückwirkung werden Verfügungen nicht unwirksam, die vor der Genehmigung über den Gegenstand des Rechtsgeschäfts von dem Genehmigenden getroffen worden oder im Wege der Zwangsvollstreckung oder der Arrestvollziehung oder durch den Insolvenzverwalter erfolgt sind.

§ 185 Verfügung eines Nichtbereichtigten

(1) Eine Verfügung, die ein Nichtberechtigter über einen Gegenstand trifft, ist wirksam, wenn sie mit Einwilligung des Berechtigten erfolgt.

(2) Die Verfügung wird wirksam, wenn der Berechtigte sie genehmigt oder wenn der Verfügende den Gegenstand erwirbt oder wenn er von dem Berechtigten beerbt wird und dieser für die Nachlassverbindlichkeiten unbeschränkt haftet. In den beiden letzteren Fällen wird, wenn über den Gegenstand mehrere miteinander nicht in Einklang stehende Verfügungen getroffen worden sind, nur die frühere Verfügung wirksam.

Rechtliche Betreuung

§ 1896 Voraussetzungen

(1) Kann ein Volljähriger auf Grund einer psychischen Krankheit oder einer körperlichen, geistigen oder seelischen Behinderung seine Angelegenheiten ganz oder teilweise nicht besorgen, so bestellt das Vormundschaftsgericht auf seinen Antrag oder von Amts wegen für ihn einen Betreuer. Den Antrag kann auch ein Geschäftsunfähiger stellen. Soweit der Volljährige auf Grund einer körperlichen Behinderung seine Angelegenheiten nicht besorgen kann, darf der Betreuer nur auf Antrag des Volljährigen bestellt werden, es sei denn, dass dieser seinen Willen nicht kundtun kann.
(la) Gegen den freien Willen des Volljährigen darf ein Betreuer nicht bestellt werden.
(2) Ein Betreuer darf nur für Aufgabenkreise bestellt werden, in denen die Betreuung erforderlich ist. Die Betreuung ist nicht erforderlich, soweit die Angelegenheiten des Volljährigen durch einen Bevollmächtigten, der nicht zu den in § 1897 Abs. 3 bezeichneten Personen gehört, oder durch andere Hilfen, bei denen kein gesetzlicher Vertreter bestellt wird, ebenso gut wie durch einen Betreuer besorgt werden können.

(3) Als Aufgabenkreis kann auch die Geltendmachung von Rechten des Betreuten gegenüber seinem Bevollmächtigten bestimmt werden.
(4) Die Entscheidung über den Fernmeldeverkehr des Betreuten und über die Entgegennahme, das Öffnen und das Anhalten seiner Post werden vom Aufgabenkreis des Betreuers nur dann erfasst, wenn das Gericht dies ausdrücklich angeordnet hat.

§ 1897 Bestellung einer natürlichen Person

(1) Zum Betreuer bestellt das Vormundschaftsgericht eine natürliche Person, die geeignet ist, in dem gerichtlich bestimmten Aufgabenkreis die Angelegenheiten des Betreuten rechtlich zu besorgen und ihn in dem hierfür erforderlichen Umfang persönlich zu betreuen.
(2) Der Mitarbeiter eines nach § 1908 f anerkannten Betreuungsvereins, der dort ausschließlich oder teilweise als Betreuer tätig ist (Vereinsbetreuer), darf nur mit Einwilligung des Vereins bestellt werden. Entsprechendes gilt für den Mitarbeiter einer in Betreuungsangelegenheiten zuständigen Behörde, der dort ausschließlich oder teilweise als Betreuer tätig ist (Behördenbetreuer).
(3) Wer zu einer Anstalt, einem Heim oder einer sonstigen Einrichtung, in welcher der Volljährige untergebracht ist oder wohnt, in einem Abhängigkeitsverhältnis oder in einer anderen engen Beziehung steht, darf nicht zum Betreuer bestellt werden.
(4) Schlägt der Volljährige eine Person vor, die zum Betreuer bestellt werden kann, so ist diesem Vorschlag zu entsprechen, wenn es dem Wohl des Volljährigen nicht zuwiderläuft.

Schlägt er vor, eine bestimmte Person nicht zu bestellen, so soll hierauf Rücksicht genommen werden. Die Sätze 1 und 2 gelten auch für Vorschläge, die der Volljährige vor dem Betreuungsverfahren gemacht hat, es sei denn, dass er an diesen Vorschlägen erkennbar nicht festhalten will.

(5) Schlägt der Volljährige niemanden vor, der zum Betreuer bestellt werden kann, so ist bei der Auswahl des Betreuers auf die verwandtschaftlichen und sonstigen persönlichen Bindungen des Volljährigen, insbesondere auf die Bindungen zu Eltern, zu Kindern, zum Ehegatten und zum Lebenspartner, sowie auf die Gefahr von Interessenkonflikten Rücksicht zu nehmen.

(6) Wer Betreuungen im Rahmen seiner Berufsausübung führt, soll nur dann zum Betreuer bestellt werden, wenn keine andere geeignete Person zur Verfügung steht, die zur ehrenamtlichen Führung der Betreuung bereit ist. Werden dem Betreuer Umstände bekannt, aus denen sich ergibt, dass der Volljährige durch eine oder mehrere andere geeignete Personen außerhalb einer Berufsausübung betreut werden kann, so hat er dies dem Gericht mitzuteilen.

(7) Wird eine Person unter den Voraussetzungen des Absatzes 6 Satz 1 erstmals in dem Bezirk des Vormundschaftsgerichts zum Betreuer bestellt, soll das Gericht zuvor die zuständige Behörde zur Eignung des ausgewählten Betreuers und zu den nach § 1 Abs. 1 Satz 1 zweite Alternative des Vormünder- und Betreuervergütungsgesetzes zu treffenden Feststellungen anhören. Die zuständige Behörde soll die Person auffordern, ein Führungszeugnis und eine Auskunft aus dem Schuldnerverzeichnis vorzulegen.

(8) Wird eine Person unter den Voraussetzungen des Absatzes 6 Satz 1 bestellt, hat sie sich über Zahl und Umfang der von ihr berufsmäßig geführten Betreuungen zu erklären.

§ 1898 Übernahmepflicht

(1) Der vom Vormundschaftsgericht Ausgewählte ist verpflichtet, die Betreuung zu übernehmen, wenn er zur Betreuung geeignet ist und ihm die Übernahme unter Berücksichtigung seiner familiären, beruflichen und sonstigen Verhältnisse zugemutet werden kann.
(2) Der Ausgewählte darf erst dann zum Betreuer bestellt werden, wenn er sich zur Übernahme der Betreuung bereit erklärt hat.

§ 1899 Mehrere Betreuer

(1) Das Vormundschaftsgericht kann mehrere Betreuer bestellen, wenn die Angelegenheiten des Betreuten hierdurch besser besorgt werden können. In diesem Fall bestimmt es, welcher Betreuer mit welchem Aufgabenkreis betraut wird. Mehrere Betreuer, die eine Vergütung erhalten, werden außer in den in den Absätzen 2 und 4 sowie § 1908 i Abs. 1 Satz 1 in Verbindung mit § 1792 geregelten Fällen nicht bestellt.
(2) Für die Entscheidung über die Einwilligung in eine Sterilisation des Betreuten ist stets ein besonderer Betreuer zu bestellen.
(3) Soweit mehrere Betreuer mit demselben Aufgabenkreis betraut werden, können sie die Angelegenheiten des Betreuten nur gemeinsam besorgen, es sei denn, dass das Gericht etwas anderes bestimmt hat oder mit dem Aufschub Gefahr verbunden ist.
(4) Das Gericht kann mehrere Betreuer auch in der Weise bestellen, dass der eine die Angelegenheiten des Betreuten nur zu besorgen hat, soweit der andere verhindert ist.

§ 1900 Betreuung durch Verein oder Behörde

(1) Kann der Volljährige durch eine oder mehrere natürliche Personen nicht hinreichend betreut werden, so bestellt das Vormundschaftsgericht einen anerkannten Betreuungsverein zum Betreuer. Die Bestellung bedarf der Einwilligung des Vereins.
(2) Der Verein überträgt die Wahrnehmung der Betreuung einzelnen Personen. Vorschlägen des Volljährigen hat er hierbei zu entsprechen, soweit nicht wichtige Gründe entgegenstehen. Der Verein teilt dem Gericht alsbald mit, wem er die Wahrnehmung der Betreuung übertragen hat.
(3) Werden dem Verein Umstände bekannt, aus denen sich ergibt, dass der Volljährige durch eine oder mehrere natürliche Personen hinreichend betreut werden kann, so hat er dies dem Gericht mitzuteilen.
(4) Kann der Volljährige durch eine oder mehrere natürliche Personen oder durch einen Verein nicht hinreichend betreut werden, so bestellt das Gericht die zuständige Behörde zum Betreuer. Die Absätze 2 und 3 gelten entsprechend.
(5) Vereinen oder Behörden darf die Entscheidung über die Einwilligung in eine Sterilisation des Betreuten nicht übertragen werden.

§ 1901 Umfang der Betreuung, Pflichten des Betreuers

(1) Die Betreuung umfasst alle Tätigkeiten, die erforderlich sind, um die Angelegenheiten des Betreuten nach Maßgabe der folgenden Vorschriften rechtlich zu besorgen.
(2) Der Betreuer hat die Angelegenheiten des Betreuten so zu besorgen, wie es dessen Wohl entspricht. Zum Wohl des Be-

treuten gehört auch die Möglichkeit, im Rahmen seiner Fähigkeiten sein Leben nach seinen eigenen Wünschen und Vorstellungen zu gestalten.

(3) Der Betreuer hat Wünschen des Betreuten zu entsprechen, soweit dies dessen Wohl nicht zuwiderläuft und dem Betreuer zuzumuten ist. Dies gilt auch für Wünsche, die der Betreute vor der Bestellung des Betreuers geäußert hat, es sei denn, dass er an diesen Wünschen erkennbar nicht festhalten will. Ehe der Betreuer wichtige Angelegenheiten erledigt, bespricht er sie mit dem Betreuten, sofern dies dessen Wohl nicht zuwiderläuft.

(4) Innerhalb seines Aufgabenkreises hat der Betreuer dazu beizutragen, dass Möglichkeiten genutzt werden, die Krankheit oder Behinderung des Betreuten zu beseitigen, zu bessern, ihre Verschlimmerung zu verhüten oder ihre Folgen zu mildern. Wird die Betreuung berufsmäßig geführt, hat der Betreuer in geeigneten Fällen auf Anordnung des Gerichts zu Beginn der Betreuung einen Betreuungsplan zu erstellen. In dem Betreuungsplan sind die Ziele der Betreuung und die zu ihrer Erreichung zu ergreifenden Maßnahmen darzustellen.

(5) Werden dem Betreuer Umstände bekannt, die eine Aufhebung der Betreuung ermöglichen, so hat er dies dem Vormundschaftsgericht mitzuteilen. Gleiches gilt für Umstände, die eine Einschränkung des Aufgabenkreises ermöglichen oder dessen Erweiterung, die Bestellung eines weiteren Betreuers oder die Anordnung eines Einwilligungsvorbehalts (§ 1903) erfordern.

§ 1901 a Schriftliche Betreuungswünsche, Vorsorgevollmacht

Wer ein Schriftstück besitzt, in dem jemand für den Fall seiner Betreuung Vorschläge zur Auswahl des Betreuers oder Wünsche zur Wahrnehmung der Betreuung geäußert hat, hat es unverzüglich an das Vormundschaftsgericht abzuliefern, nachdem er von der Einleitung eines Verfahrens über die Bestellung eines Betreuers Kenntnis erlangt hat. Ebenso hat der Besitzer das Vormundschaftsgericht über Schriftstücke, in denen der Betroffene eine andere Person mit der Wahrnehmung seiner Angelegenheiten bevollmächtigt hat, zu unterrichten. Das Vormundschaftsgericht kann die Vorlage einer Abschrift verlangen.

§ 1902 Vertretung des Betreuten

In seinem Aufgabenkreis vertritt der Betreuer den Betreuten gerichtlich und außergerichtlich.

§ 1903 Einwilligungsvorbehalt

(1) Soweit dies zur Abwendung einer erheblichen Gefahr für die Person oder das Vermögen des Betreuten erforderlich ist, ordnet das Vormundschaftsgericht an, dass der Betreute zu einer Willenserklärung, die den Aufgabenkreis des Betreuers betrifft, dessen Einwilligung bedarf (Einwilligungsvorbehalt). Die §§ 108 bis 113, 131 Abs. 2 und § 210 gelten entsprechend.
(2) Ein Einwilligungsvorbehalt kann sich nicht erstrecken auf Willenserklärungen, die auf Eingehung einer Ehe oder Begründung einer Lebenspartnerschaft gerichtet sind, auf Ver-

fügungen von Todes wegen und auf Willenserklärungen, zu denen ein beschränkt Geschäftsfähiger nach den Vorschriften des Buches vier und fünf nicht der Zustimmung seines gesetzlichen Vertreters bedarf.
(3) Ist ein Einwilligungsvorbehalt angeordnet, so bedarf der Betreute dennoch nicht der Einwilligung seines Betreuers, wenn die Willenserklärung dem Betreuten lediglich einen rechtlichen Vorteil bringt. Soweit das Gericht nichts anderes anordnet, gilt dies auch, wenn die Willenserklärung eine geringfügige Angelegenheit des täglichen Lebens betrifft.
(4) § 1901 Abs. 5 gilt entsprechend.

§ 1904 Genehmigung des Vormundschaftsgerichts bei ärztlichen Maßnahmen

(1) Die Einwilligung des Betreuers in eine Untersuchung des Gesundheitszustands, eine Heilbehandlung oder einen ärztlichen Eingriff bedarf der Genehmigung des Vormundschaftsgerichts, wenn die begründete Gefahr besteht, dass der Betreute auf Grund der Maßnahme stirbt oder einen schweren und länger dauernden gesundheitlichen Schaden erleidet. Ohne die Genehmigung darf die Maßnahme nur durchgeführt werden, wenn mit dem Aufschub Gefahr verbunden ist.
(2) Absatz 1 gilt auch für die Einwilligung eines Bevollmächtigten. Sie ist nur wirksam, wenn die Vollmacht schriftlich erteilt ist und die in Absatz 1 Satz 1 genannten Maßnahmen ausdrücklich umfasst.

§ 1905 Sterilisation

(1) Besteht der ärztliche Eingriff in einer Sterilisation des Betreuten, in die dieser nicht einwilligen kann, so kann der Betreuer nur einwilligen, wenn
1. die Sterilisation dem Willen des Betreuten nicht widerspricht,
2. der Betreute auf Dauer einwilligungsunfähig bleiben wird,
3. anzunehmen ist, dass es ohne die Sterilisation zu einer Schwangerschaft kommen würde,
4. infolge dieser Schwangerschaft eine Gefahr für das Leben oder die Gefahr einer schwerwiegenden Beeinträchtigung des körperlichen oder seelischen Gesundheitszustands der Schwangeren zu erwarten wäre, die nicht auf zumutbare Weise abgewendet werden könnte, und
5. die Schwangerschaft nicht durch andere zumutbare Mittel verhindert werden kann.
Als schwerwiegende Gefahr für den seelischen Gesundheitszustand der Schwangeren gilt auch die Gefahr eines schweren und nachhaltigen Leides, das ihr drohen würde, weil vormundschaftsgerichtliche Maßnahmen, die mit ihrer Trennung vom Kind verbunden wären (§§ 1666, 1666 a), gegen sie ergriffen werden müssten.
(2) Die Einwilligung bedarf der Genehmigung des Vormundschaftsgerichts. Die Sterilisation darf erst zwei Wochen nach Wirksamkeit der Genehmigung durchgeführt werden. Bei der Sterilisation ist stets der Methode der Vorzug zu geben, die eine Refertilisierung zulässt.

§ 1906 Genehmigung des Vormundschaftsgerichts bei der Unterbringung

(1) Eine Unterbringung des Betreuten durch den Betreuer, die mit Freiheitsentziehung verbunden ist, ist nur zulässig, solange sie zum Wohl des Betreuten erforderlich ist, weil
1. auf Grund einer psychischen Krankheit oder geistigen oder seelischen Behinderung des Betreuten die Gefahr besteht, dass er sich selbst tötet oder erheblichen gesundheitlichen Schaden zufügt, oder
2. eine Untersuchung des Gesundheitszustands, eine Heilbehandlung oder ein ärztlicher Eingriff notwendig ist, ohne den die Unterbringung des Betreuten nicht durchgeführt werden kann und der Betreute auf Grund einer psychischen Krankheit oder geistigen oder seelischen Behinderung die Notwendigkeit der Unterbringung nicht erkennen oder nicht nach dieser Einsicht handeln kann.
(2) Die Unterbringung ist nur mit Genehmigung des Vormundschaftsgerichts zulässig. Ohne die Genehmigung ist die Unterbringung nur zulässig, wenn mit dem Aufschub Gefahr verbunden ist; die Genehmigung ist unverzüglich nachzuholen.
(3) Der Betreuer hat die Unterbringung zu beenden, wenn ihre Voraussetzungen wegfallen. Er hat die Beendigung der Unterbringung dem Vormundschaftsgericht anzuzeigen.
(4) Die Absätze 1 bis 3 gelten entsprechend, wenn dem Betreuten, der sich in einer Anstalt, einem Heim oder einer sonstigen Einrichtung aufhält, ohne untergebracht zu sein, durch mechanische Vorrichtungen, Medikamente oder auf andere Weise über einen längeren Zeitraum oder regelmäßig die Freiheit entzogen werden soll.
(5) Die Unterbringung durch einen Bevollmächtigten und die

Einwilligung eines Bevollmächtigten in Maßnahmen nach Absatz 4 setzt voraus, dass die Vollmacht schriftlich erteilt ist und die in den Absätzen 1 und 4 genannten Maßnahmen ausdrücklich umfasst. Im Übrigen gelten die Absätze 1 bis 4 entsprechend.

§ 1907 Genehmigung des Vormundschaftsgerichts bei der Aufgabe der Mietwohnung

(1) Zur Kündigung eines Mietverhältnisses über Wohnraum, den der Betreute gemietet hat, bedarf der Betreuer der Genehmigung des Vormundschaftsgerichts. Gleiches gilt für eine Willenserklärung, die auf die Aufhebung eines solchen Mietverhältnisses gerichtet ist.
(2) Treten andere Umstände ein, auf Grund derer die Beendigung des Mietverhältnisses in Betracht kommt, so hat der Betreuer dies dem Vormundschaftsgericht unverzüglich mitzuteilen, wenn sein Aufgabenkreis das Mietverhältnis oder die Aufenthaltsbestimmung umfasst. Will der Betreuer Wohnraum des Betreuten auf andere Weise als durch Kündigung oder Aufhebung eines Mietverhältnisses aufgeben, so hat er dies gleichfalls unverzüglich mitzuteilen.
(3) Zu einem Miet- oder Pachtvertrag oder zu einem anderen Vertrag, durch den der Betreute zu wiederkehrenden Leistungen verpflichtet wird, bedarf der Betreuer der Genehmigung des Vormundschaftsgerichts, wenn das Vertragsverhältnis länger als vier Jahre dauern oder vom Betreuer Wohnraum vermietet werden soll.

§ 1908 Genehmigung des Vormundschaftsgerichts bei der Ausstattung

Der Betreuer kann eine Ausstattung aus dem Vermögen des Betreuten nur mit Genehmigung des Vormundschaftsgerichts versprechen oder gewähren.

§ 1908 a Vorsorgliche Betreuerbestellung und Anordnung des Einwilligungsvorbehalts für Minderjährige

Maßnahmen nach den §§ 1896, 1903 können auch für einen Minderjährigen, der das 17. Lebensjahr vollendet hat, getroffen werden, wenn anzunehmen ist, dass sie bei Eintritt der Volljährigkeit erforderlich werden. Die Maßnahmen werden erst mit dem Eintritt der Volljährigkeit wirksam.

§ 1908 b Entlassung des Betreuers

(1) Das Vormundschaftsgericht hat den Betreuer zu entlassen, wenn seine Eignung, die Angelegenheiten des Betreuten zu besorgen, nicht mehr gewährleistet ist oder ein anderer wichtiger Grund für die Entlassung vorliegt. Ein wichtiger Grund liegt auch vor, wenn der Betreuer eine erforderliche Abrechnung vorsätzlich falsch erteilt hat. Das Gericht soll den nach § 1897 Abs. 6 bestellten Betreuer entlassen, wenn der Betreute durch eine oder mehrere andere Personen außerhalb einer Berufsausübung betreut werden kann.
(2) Der Betreuer kann seine Entlassung verlangen, wenn nach seiner Bestellung Umstände eintreten, auf Grund derer ihm die Betreuung nicht mehr zugemutet werden kann.
(3) Das Gericht kann den Betreuer entlassen, wenn der Be-

treute eine gleich geeignete Person, die zur Übernahme bereit ist, als neuen Betreuer vorschlägt.
(4) Der Vereinsbetreuer ist auch zu entlassen, wenn der Verein dies beantragt. Ist die Entlassung nicht zum Wohl des Betreuten erforderlich, so kann das Vormundschaftsgericht stattdessen mit Einverständnis des Betreuers aussprechen, dass dieser die Betreuung künftig als Privatperson weiterführt. Die Sätze 1 und 2 gelten für den Behördenbetreuer entsprechend.
(5) Der Verein oder die Behörde ist zu entlassen, sobald der Betreute durch eine oder mehrere natürliche Personen hinreichend betreut werden kann.

§ 1908 c Bestellung eines neuen Betreuers

Stirbt der Betreuer oder wird er entlassen, so ist ein neuer Betreuer zu bestellen.

§ 1908 d Aufhebung oder Änderung von Betreuung und Einwilligungsvorbehalt

(1) Die Betreuung ist aufzuheben, wenn ihre Voraussetzungen wegfallen. Fallen diese Voraussetzungen nur für einen Teil der Aufgaben des Betreuers weg, so ist dessen Aufgabenkreis einzuschränken.
(2) Ist der Betreuer auf Antrag des Betreuten bestellt, so ist die Betreuung auf dessen Antrag aufzuheben, es sei denn, dass eine Betreuung von Amts wegen erforderlich ist. Den Antrag kann auch ein Geschäftsunfähiger stellen. Die Sätze 1 und 2 gelten für die Einschränkung des Aufgabenkreises entsprechend.

(3) Der Aufgabenkreis des Betreuers ist zu erweitern, wenn dies erforderlich wird. Die Vorschriften über die Bestellung des Betreuers gelten hierfür entsprechend.
(4) Für den Einwilligungsvorbehalt gelten die Absätze 1 und 3 entsprechend.

§ 1908 e

(weggefallen)

§ 1908 f Anerkennung als Betreuungsverein

(1) Ein rechtsfähiger Verein kann als Betreuungsverein anerkannt werden, wenn er gewährleistet, dass er
1. eine ausreichende Zahl geeigneter Mitarbeiter hat und diese beaufsichtigen, weiterbilden und gegen Schäden, die diese anderen im Rahmen ihrer Tätigkeit zufügen können, angemessen versichern wird,
2. sich planmäßig um die Gewinnung ehrenamtlicher Betreuer bemüht, diese in ihre Aufgaben einführt, fortbildet und sie sowie Bevollmächtigte berät,
2a. planmäßig über Vorsorgevollmachten und Betreuungsverfügungen informiert,
3. einen Erfahrungsaustausch zwischen den Mitarbeitern ermöglicht.
(2) Die Anerkennung gilt für das jeweilige Land; sie kann auf einzelne Landesteile beschränkt werden. Sie ist widerruflich und kann unter Auflagen erteilt werden.
(3) Das Nähere regelt das Landesrecht. Es kann auch weitere Voraussetzungen für die Anerkennung vorsehen.
(4) Die anerkannten Betreuungsvereine können im Einzelfall

Personen bei der Errichtung einer Vorsorgevollmacht beraten.

§ 1908 g Behördenbetreuer

(1) Gegen einen Behördenbetreuer wird kein Zwangsgeld nach § 1837 Abs. 3 Satz 1 festgesetzt.
(2) Der Behördenbetreuer kann Geld des Betreuten gemäß § 1807 auch bei der Körperschaft anlegen, bei der er tätig ist.

§ 1908 h

(weggefallen)

§ 1908 i Entsprechend anwendbare Vorschriften

(1) Im Übrigen sind auf die Betreuung § 1632 Abs. 1 bis 3, §§ 1784, 1787 Abs. 1, § 1791 a Abs. 3 Satz 1 zweiter Halbsatz und Satz 2, §§ 1792, 1795 bis 1797 Abs. 1 Satz 2, §§ 1798, 1799, 1802, 1803, 1805 bis 1821, 1822 Nr. 1 bis 4, 6 bis 13, §§ 1823 bis 1826, 1828 bis 1836, 1836 c bis 1836 e, 1837 Abs. 1 bis 3, §§ 1839 bis 1843, 1845, 1846, 1857 a, 1888, 1890 bis 1895 sinngemäß anzuwenden. Durch Landesrecht kann bestimmt werden, dass Vorschriften, welche die Aufsicht des Vormundschaftsgerichts in vermögensrechtlicher Hinsicht sowie beim Abschluss von Lehr- und Arbeitsverträgen betreffen, gegenüber der zuständigen Behörde außer Anwendung bleiben.
(2) § 1804 ist sinngemäß anzuwenden, jedoch kann der Betreuer in Vertretung des Betreuten Gelegenheitsgeschenke auch dann machen, wenn dies dem Wunsch des Betreuten entspricht und nach seinen Lebensverhältnissen üblich ist.

§ 1857 a ist auf die Betreuung durch den Vater, die Mutter, den Ehegatten, den Lebenspartner oder einen Abkömmling des Betreuten sowie auf den Vereinsbetreuer und den Behördenbetreuer sinngemäß anzuwenden, soweit das Vormundschaftsgericht nichts anderes anordnet.

§ 1908 k

(weggefallen)

Register